聖なるみちびき

イエスからの言霊

江原啓之

Hiroyuki Ehara

講談社

聖なるみちびき

――イエスからの言霊

あなたを導く68の聖なる言葉

はじめに

いつかイエス・キリストの言葉を題材にした本を作りたい――かねてよりそう考えていたのですが、まだ機が熟していないと先送りにしてきました。いよいよイエスの言葉から霊的真理をより深く理解していただく時期が来た、と強く感じるようになったのは二〇一八年に入ってからのこと。折しも私がスピリチュアリストとしての活動を始めて三〇年という節目の年でした。

エポックメイキングとなる本を発表したいという意欲と相まって出版の運びとなった本書は、**私の守護霊や聖人ピオ神父などを通じて降りてくる、イエスからの現代人に対する言霊《ことたま》**を記したものです。

イエスの言葉は今の時代にもあざやかに生きています。

これまでにもキリスト教徒の方や宗教学者による聖書の解説本は数多く出版されています。もちろん私はそれらの本に関して、異議を唱えることも、内容を批判するつもりもありません。さまざまな立場の方がそれぞれの見解で書かれた本を読み、聖書に関する知識を得るとともに力を与えられた人が大勢いることでしょう。

ただ、本書は聖書の解説本ではありません。ではどういう本かというと、スピリチュアリストである私が霊的真理を土台に据え、イエスの言葉の中から現代人が生きるために必要なエッセンスを抽出した人生指南書と言えるでしょう。

宗教の隔たりを超え、イエスが説いた霊的真理を万人にお伝えすることが目的である、と強調しておきたいと思います。

死んでもあの世で会える

本当の幸せとは、何でしょうか。「恐れることが何もない」人生こそが幸せだと言う人は、多いかもしれません。

でも実際の人生は、恐れに満ちています。その最たるものが「死」、または「愛する人との死別」。多くの人は、死んで自分という存在がなくなってしまうことを恐れています。愛する人に先立たれて、二度と会えなくなることに耐えられないと思っているのです。

これなどは、霊的真理をよく知ることで、たちどころに解消できる恐怖だと言えるでしょう。なぜなら、肉体は死んでもたましいは永遠だからです。

私たちが死んだら、たましいはあの世に戻ります。そして、そこで愛する人のたましいと再会することもできるのです。

もっと言うと、現世というのはたましいの修行の場。生きているとさまざまな困難に見舞われます。それを乗り越えるのが生きるということですが、死とは、その修行からの解放を意味するのです。

どうですか？　そう考えると、死ぬのが楽しみになってきませんか？

あの世で再会できると思ったら、解消できる恐れは他にもあります。それは死者に対する後悔や、供養に対する思い煩《わずら》いです。言葉は悪いですが、どうせ死んだらあの世で会えるのです。

「あの人は私のことを誤解したまま死んでしまった」

「最後にこう伝えたかった」

こんなふうに思い悩む必要はありません。そもそも、あなたがそう思い悩んでいることを、相手はあの世で見ています。だから誤解なんてしていませんし、供養の仕方をあれこれ考える必要もないのです。

そう考えると、「夫と同じ墓には入りたくない」などと思うことが、いかにバカバカしいかわかるでしょう。お墓には骨というカルシウムがあるだけ。そこにたましいはありません。そんなワガママを言って家族に迷惑をかけてはいけないのです。

もう一つ付け加えると、私は安楽死には反対です。現世はたましいの修行の場だと申し上げましたが、修行は死ぬまで続きます。その最後のところだけ省略したいと考えるのは、命を粗末にすることです。

人生はご飯と一緒で、残してはいけません。最後の一粒まで味わって、ご馳走様でしたと言ってから、晴れ晴れとあの世へと旅立ちましょう。

肉体は現世を生きるための乗り物にすぎず、死んで肉体がなくなっても、たましいは永遠に生き続ける。そう理解するだけで、死にまつわるさまざまな恐怖から解放されます。この霊的真理を私は**「スピリットの法則」**と呼んでいます。

腹を立てるのは時間の無駄

人が生きていくうえで、最大の悩みの種は人間関係。私の人間関係はまったく問題ありません、と言い切れる人は少ないでしょう。家族、友人、職場の部下や上司に対して腹が立つこともあるでしょう。「あの人って最低」とイライラして眠れない、なんてこともあるかもしれません。

はっきり言いましょう。腹を立てても時間の無駄です。あなたがその人と同じ土俵に上がっているから、腹が立つのです。

私たちは皆たましいの存在。たましいを磨くために自ら望んで現世にやってきたのですから、あなたが「最低」だと思う人と同じ土俵に上がらないこと。相手のたましいと同じステージにいないことです。「気の毒な人だな」と思って、相手より一段高いステージへ行きましょう。

こうした考え方をしないと、いつまでたってもあなたのたましいは、最低な相手と一緒のステージに留《とど》まったままです。

自分のステージは周囲の人を見ればわかります。「なぜ周囲には愚かな人しかいないのだろう」と思うなら、それはあなたが愚かだからです。

霊的世界は、波長の高さによって無数のステージに分かれています。あなたが死んでから行くのは、現世でのたましいと同じレベルのステージです。

たましいが永遠なら、死んでからステージを上げればいいのでは？　と思うかもしれません。けれど、たましいはそう簡単には変わらないのです。乱暴な言い方をすれば、バカは死んでもバカ。これが**「ステージの法則」**です。

たましいのステージを上げるのに必要なのは経験と感動。たくさんの経験をして、そこから得た「喜・怒・哀・楽」という感動を通してたましいを磨くことで、あなたのステージは必ず上がっていきます。

不幸の三大原則

「良い出会いがない」「友達に恵まれない」と嘆く人がいます。でも、その環境は自分自身がつくったもの。ステージが原因です。周囲の人たちに不満を抱くのは、「今のあなたはこのステージにいますよ」と言われているようなものです。

あなたの周りにいるのは同じステージの人。別の言い方をすれば、同じ波長の人です。

夫婦においても同じことが言えます。

過去に行っていた個人カウンセリングでDV夫の悩みを相談する方に共通していたのが、私が不幸の三大原則と呼ぶ「自己憐憫《れんびん》」「責任転嫁」「依存心」でした。

「私はかわいそう」と嘆く「自己憐憫」、「こんな自分にしたのは親のせい」と原因を他者に求める「責任転嫁」、「自分に生活力がないから我慢しなくてはならない」と夫を頼る「依存心」です。そうした人とDV夫は同じ波長。同じ波長だから二人は出会い、お互いに引き合って結婚したのです。

人と人は同じ波長で引き合います。これが「類は友を呼ぶ」と同じ意味の「波長の法則」です。

もちろん、女性に暴力を振るうのは断じて許されない最低の行為です。けれど「波長の法則」を踏まえると、相手だけを悪く言えません。厳しい言い方になりますが、たとえどんなにひどい相手でも自分が選んだのは事実なのですから、類友《るいとも》なのです。

夫のことを口汚く罵る女性がよくいますが、私は内心「類友でしょ？」と思いながら聞いています。夫を罵るのは、自分を罵るのと同じこと。

多くの人がいつまでたっても人間関係の悩みを解決できないのは、悩むポイントがズレているからです。さきほど腹を立てるのは時間の無駄と言いましたが、「どうしてわかってくれないの」と相手を責めるのもまた、時間の無駄です。

状況を打破したいなら、あなた自身が変わるしかないのです。みずからのステージを上げて類友と縁を切るしかありません。

ブーメランは返ってくる

ドラマや映画では、悪事を働いた人には報いがあるものです。「水戸黄門」でも悪代官は最後に必ず成敗されます。最近の若い人は、自分の蒔《ま》いた種が原因でひどい目に遭うことを「ブーメランが返ってくる」と表現するようですね。うまいこと言うな、と思います。

高校で教師が生徒に体罰を加えていた動画がＳＮＳで拡散され、暴力教師として炎上し、ニュースでも報じられる事件となりました。最初、メディアは教師に対して批判的な報道をしていました。

しかしその後、動画の中で、生徒のグループの一人がネット上での炎上を目論む発言をしていたことがわかり、報道は一転。批判の矛先は生徒に向けられました。

なぜこうしたことが起こるのでしょうか？　そうです。ブーメランが返ってきたのです。**日本では昔から因果応報と言いますが、みずから蒔いた悪い種（カルマ）は、みずから刈り取らなければならないのです。「因果《いんが》の法則」です。**

因果の法則を理解すれば、自分が人から何かされて目くじらを立てたり、仕返しをしようと考えたりすることがなくなります。

自分についての悪い噂を流された場合など、噂を流した本人を探して問い質《ただ》したくなる気持ちはわかります。けれど、自分に思いあたることがなければ、放っておけばいいのです。そこで腹を立てるのは、思いあたる節があるから。そうでなければ放っておくのが一番。ブーメランは必ず噂を流した人に返ります。情報化社会の今、ブーメランが返ってくるスピードが格段に早くなりました。

この法則については、多くの人が身をもって感じていると思います。ここでもう一つ付け加えたいのは、因果の法則は「罰《ばち》があたる」と同じ意味ではないということ。因果とは文字通り、原因と結果。今ある状況は、すべてこれまでの自分のあり方（原因）の結果です。

良いブーメランを投げれば、良いものが返ってくる。ネガティブなことだけではないのです。

絶望する必要はない

自分や家族の病気、多額の借金を背負ってしまうなどの経済的な問題、仕事での大きな失敗――。誰の人生にも、大きな試練が必ず訪れます。

「もう終わりだ」と絶望してしまうときもあるでしょう。断言します。どんな試練にさらされても、絶望する必要は一切ありません。

そもそも、不幸な出来事をマイナスとだけとらえるのは物質的価値観。外で寒い時間を過ごすからこそ、暖房のありがたみがわかるのです。今ここにある幸せに気づかずに嘆いてばかりいると、視野が狭くなって人生を俯瞰《ふかん》できなくなります。「自分は絶望を感じたことがある」と思った人にお尋ねしますが、今ちゃんと生きてますよね？

窮地に追い込まれて万策尽きたと思ったとき、手を差し伸べてくれる人が現れたり、事態が思いも寄らぬ良い方向に向かうなど、「捨てる神あれば拾う神あり」と思うことが起こります。まさにピンチはチャンス、負が正になることは、生きていると往々にしてあるのです。

もちろん、その逆もあります。うまくいっていると思ったら、予想外のことで足をすくわれたり。好事魔多し、というやつですね。

現世はたましいの修行の場。良いこともあれば悪いこともあって当たり前です。そ

して、本当に困ったときに導いてくれるのが、あなたの守護霊。親と同様の存在であるがために、守護霊のいない人はこの世に一人もいません。

たまに、守護霊に「見守ってください」とお願いする人もいますが、それは親に「育ててください」と言うのと同じで、必要ありません。守護霊は「言われなくても導いているから」と思っていることでしょう。

多くの人は守護霊に願いごとをしたりしますが、それも間違っています。守護霊は願いを叶える魔法使いではありません。守護霊はたましいの親のような存在。守護霊の願いは、私たちのたましいを成長させ、輝かせることです。そしてあなたから片時も離れず、大きな愛で見守っています。これが**「守護の法則」**です。

運命は変えられる

占い好きには不幸になる人が多い。この言葉をどこかで目にしたとき、私は「その通り！」と思わず膝を打ってしまいました。

スピリチュアリズムを占いの一種だと勘違いしている人がいますが、霊的真理と占いはまったくの別物です。何か悪いことが起きると、占い好きは「こうなる運命だったんだよねー」などと言います。するとどうなるか。運命だから仕方がない、と思考停止に陥り、原因を探ろうとしなくなるのです。

占い好きな人に限って、努力をしません。「仕事運をアップさせてください」と神頼みしながらパワースポットを巡る時間があるなら、努力をして自分をブラッシュアップさせればいいのです。占いにたくさんお金をつぎ込むのだったら、そのお金で資格を取ることもできるでしょう。

運命に似ている言葉に宿命があります。生まれた国や時代、家族など、生まれる前から定められているのが宿命。その一方で、**運命は自ら創るものです。たとえれば、宿命は素材で運命は料理。どんな素材でも、料理の腕しだいで美味《おい》しくも不味《まず》くもなるのです。**

あなたの努力しだいで運命は変えられる。**「運命の法則」**を知れば、占いにすがって努力もせずに生きることが、いかに怠慢なことかがわかるでしょう。

人類みな兄弟

本書を執筆中に、ある実業家が心臓病で苦しむ子どもに海外での移植のための費用を寄付すると発表したところ、その子だけが助かるのは不公平といった批判が寄せられている、という報道がありました。あなたはどう思いますか？

私は不公平と批判する人の度量の狭さに心が痛みます。私たちがたましいの存在であることを理解していれば、こうした発想に至るはずがないからです。

私たちの誰もが霊的世界というたましいの故郷の出身であり、そこには強い絆《きずな》で結ばれた家族＝グループ・ソウルがいます。コップの水をグループ・ソウルにたとえるなら、私たち一人ひとりのたましいは一滴の水。

一滴の水である私たちは、現世でさまざまな経験と感動を積み、たましいを向上させてコップに戻り、再びグループ・ソウルと混じり合います。それぞれの人が現世で得た叡智《えいち》は、グループ・ソウル全体の叡智となります。こうしてコップの水の透明度を上げていくのです。

広くとらえれば、すべてのたましいは一つの類魂（グループ・ソウル）。「一人だけは不公平」ではなく、一人の子どもの命が助かったと、我がことのように喜べるはずなのです。そう考えるのが**「グループ・ソウルの法則」**。

人類みな兄弟。自分だけ良ければいいと考えているうちは、たましいがまだまだ幼稚で未熟だということです。

このように自分だけを愛するのが「小我」。自分ではなく他者を第一に思う愛が「大我」です。自分自身の「小我」を「大我」へと変えることが、たましいを大きく成長させ、グループ・ソウル全体の叡智へとつながるのです。

感謝の心で生きる

寄付やチャリティに対して「善人ぶりたいだけの自己満足」などと、批判的なことを言う人がいます。かく言う私も行っているのですが、私は「寄付を施している」のではなく、感謝料を払っているのだととらえています。

すべてのたましいは究極的には一つ。同じグループ・ソウルです。誰かに起こったことは、グループ・ソウル全体の映し出し。私たちは他の人のおかげで、学ばせてもらっています。だから、寄付やチャリティは感謝料なのです。

そして「因果の法則」で言えば、「情けは人のためならず」。誰かを幸せにしようとすることで、それが自分に返ってくるのです。

ここまでに挙げた七つの法則、**「スピリットの法則」「ステージの法則」「波長の法則」「因果の法則」「守護の法則」「運命の法則」「グループ・ソウルの法則」**を理解すると、どんなことにも感謝できるようになります。他者に愛を注ぐ利他愛を実践するようになります。すると人生が平和になる。これを「幸福の法則」と呼びます。これら**八つの法則は一つひとつが個別に働くのではなく、重なり合い、連動しながら人生に影響を与えていきます。**

イエスは身代わり地蔵ではない

話をイエスに戻しましょう。実はイエス・キリストが遺《のこ》した言葉には、これまで紹介した「幸せになるための八つの法則」がちりばめられています。イエスは宗教家ではありません。キリスト教は、イエスの死後にできたものです。イエスは霊的真理を説くスピリチュアリストだったと私は確信しています。

八つの法則の中でも、ポイントになるのが「グループ・ソウルの法則」。この法則をしっかり踏まえておかないと、イエスの言葉の真意を理解することは困難です。

イエスは、グループ・ソウル全体のたましいを向上させるために、この世に生まれてきたのです。誰か特定の個人を救うためではありません。

そこがわかっていないと、「イエスの言う通りにすれば、私の抱える問題がたちどころに解決するの？」などと、安易で筋違いな期待を持ってしまいます。

聖書を読んで「イエスが私たちの罪を背負ってくださった」と解釈する人も少なからずいるようですが、もしもイエスを「身代わり地蔵」のようにとらえているのだとしたら、それは大きな間違いです。

まず理解していただきたいのが、スピリチュアリズムにおける神観《かみかん》です。皆さんは漠然と、「神」と「自分」の二つに分かれた宗教的神観を抱いているのではないでしょうか。

スピリチュアリズムでの神観はそうではありません。「グループ・ソウルの法則」のところで先述したように、すべてのたましいは一つの類魂（グループ・ソウル）。そこには神も含まれます。つまり、自分自身も神なのです。

マザー・テレサは「神に仕えるのは人に仕えること」と言いました。それは、みんな神であるという意味なのです。

世の中には、信仰心は篤《あつ》いのに、性格の悪い人がいます。なぜそうなるかと言えば、「神」と「自分」ととらえることで、自分自身が「凡夫《ぼんぷ》（平凡な人）」になってしまっているから。自分も神だと意識すれば、神の視点に立つことができて、人格も向上するはずです。

自分が神だなんて、と思うかもしれません。こう考えてみてください。私たちは未熟な神なのです。

私たちはたましいを磨くために現世にやって来たとお伝えしました。これをさらに深く言えば、私たちは神からの分霊《ぶんれい》（一部分を持って生まれてくるたましい）であり、よりすぐれた神になるために生まれてきたのです。

イエスは神のことを「父」と呼んでいます。これは、「グループ・ソウルの法則」で考えてみれば、よく理解できる呼び方。イエス自身が神という親からの分霊であることを指しているのです。

そこで**私の見解では、イエスは「身代わり地蔵」などではなく、「私たちの小我を浮き彫りにするために神に認められた分霊」。イエスが私たちの罪を背負ってしまっては、私たちから学ぶチャンスを奪うことになってしまいます。**それでは本末転倒でしょう。

イエスは妬《ねた》み、嫉《そね》み、憎しみ、自己憐憫、責任転嫁、依存心といった私たちの中にある小我をあぶり出し、霊的真理を理解すれば救われる、と説いていたのです。十字架に磔《はりつけ》になったことも含め、すべてはグループ・ソウル全体のたましいを向上させるための活動でした。

二〇〇〇年経った現代でも、私たちは小我な言動を繰り返しています。しかし、もしイエスが存在しなければ、この世の闇はもっと深かったと断言できます。

一日一語、イエスの言葉を読む

今からでも遅くはありません。私たち一人ひとりが霊的真理に従って生きることで家庭や職場を、ひいては社会をも変えることができます。**私たち一人ひとりが救世主なのです。世界中の人が幸せになることがあなたの幸せにつながり、あなたが幸せに生きることが世界中の人たちが幸せであるための一歩なのです。**

さあ、イエスの言葉を通じて、人生の処方箋《しょほうせん》を手に入れましょう。

「聖書なんて難しくて読めない」と敬遠してきた日本人は多いでしょう。キリスト教徒でなければ、なおさらそうです。

だからこそ本書では、イエスの言葉を日常的な事柄に当てはめたり、たとえ話を使ったりして、なるべく苦労せずに霊的真理を理解していただけるよう心がけました。

また、マザー・テレサ、ヘレン・ケラー、フローレンス・ナイチンゲールといった、霊的真理を心の軸として生きた偉人たちの名言も随所にちりばめています。彼女たちもイエスの教えを継ぐ「イエス者」だったのです。

この本は一度だけでなく、何度も繰り返し読んでいただける内容になっています。たとえば目覚めてすぐ、アトランダムに開いたページの「イエスの言葉」をその日のテーマにして過ごす、という使い方もできるでしょう。

イエスの言葉に触れたあなたが「本当の幸せ」に気づいてくれますように。そして今よりもっと心豊かな毎日を送ることができますように。

江原啓之

お賽銭、いくら入れますか？

マタイによる福音書4章7節

❶

あなたの神である主を試してはならない

言葉の背景

断食中のイエスを誘惑する悪魔が、イエスを聖なる都へ連れて行きます。そして、神殿の屋根の端にイエスを立たせて「神の子なら、飛び降りたらどうだ」と言いました。それに対してイエスが言い放ったのがこの言葉です。

神を試すって、どういう意味でしょうか？　実はあなたも、神様を試しているかもしれませんよ。

皆さんは、神社の賽銭箱にいくら入れますか？

「いくらならご利益があるの？」と思ったあなた、アウトです。なぜなら、神を試す気満々だからです。

そもそもお賽銭とは、神様への感謝の気持ちです。「今日は奮発したからご利益頼みますよ！」というようなものではないのです。

神様を値踏みする人は、必ず人間も値踏みします。つまり損得勘定でしか人と付き合えない。そんな人に良いことが起きるはずはありません。

それどころか、その卑《いや》しさが己《おのれ》に返ってきてしまうことでしょう。

自分では何の努力もせず、神頼みをしているあなたは要注意。パワーストーンを持つだけで守られると考える人や、パワースポットとして知られる湖に卵を沈めて恋愛成就を祈願する人などもそうです。そのたましいの未熟さこそが、望み通りにならない運命を創り出していると自覚すべきでしょう。

試すべきは神様ではなく自分です。なぜならば、自分こそが神だからです。

人事を尽くして天命を待つ。まずは自分のできる努力をしなければ、たとえ一万円札を賽銭箱に投げ入れても、願いが成就することはありません。

自分自身で立ち上がるしかないのです。

❷ 施《ほどこ》しをするときは、右の手のすることを左の手に知らせてはならない

言葉の背景

新約聖書の中でも有名な「山上の説教」に出てくる一節。この節は「見てもらおうとして、人の前で善行をしないように注意しなさい。さもないと、あなたがたの天の父のもとで報いをいただけないことになる」と始まります。つまり、善行はこれみよがしに行っても意味がないと、イエスは諭《さと》しているのです。

せっかく贈り物をしたのに、贈った相手から何の音沙汰もないと、「礼状とまでは言わないけど、お礼のメールくらい送るのが常識では？」などと思ってしまいがち。なぜそうなるかといえば、「施してあげたのだから、お礼を言われて当然」という思いが心の奥底にあるから。自分では純粋な善意で行ったつもりでも、実は恩に着せている。すなわち小我な善意だったということです。

求められてもいないのに誰かにアドバイスするのも、小我な善意です。人にはそれぞれ事情があります。その事情も知らず「こうしたほうがいい」とアドバイスすることは、親切なようでいて実は自分が気持ちよくなりたいだけ。言ったほうはいいことをした気になっていても、相手にとってはどうでしょうか？

気は遣うものではなく、利かすものなのです。気を遣って物を贈ったんだから感謝されたい、と思う時点で善意の押し売り、感謝される資格はありません。

いま流行《はや》りのボランティアも同じです。「いいことをしている自分が気持ちいい」という動機でやるのは真のボランティアではありません。

私たちの心は「右の手」と「左の手」の間で揺れ動きますが、「右の手」のすることとは右の手だけに留めておきましょう。あなたの善行はいずれあなた自身に還ってきます。それが「富を天に積む」（P94）の本当の意味です。

それで十分だととらえれば、恩に着せる気持ちを手放せるはず。お礼がないからといって悶々《もんもん》とすることもありません。

親切はさりげなく、誰かにしてあげたことはさらりと流してしまいましょう。そして、自分が人から受けた施しに目を向け、大いに感謝しましょう。

③ 人はパンだけで生きるにあらず

老後さまよわないために

マタイによる福音書4章4節

言葉の背景

イエスがヨルダン川でバプテスマ（体を水に浸して罪や穢《けが》れを清めて新しい生活に入るための儀式）を受けた後、一人で荒野へ向かい、断食の苦行をしていたときのこと。悪魔が現れて、「神の子なら、これらの石がパンになるように命じたらどうだ」と言います。対するイエスの答えがこの言葉です。

ここで言うパンは、「お金」と言い換えることもできます。イエスはパンだけで生きるにあらず、と言っていますが、現実世界ではパンがないと生きていけないのも事実。人生一〇〇歳時代に突入し、定年後の経済問題も深刻です。

定年後、濡《ぬ》れ落ち葉になって、妻から三行半《みくだりはん》を突きつけられる男性もいます。そんな人が「人はパンだけで生きるにあらず」と強がったところで、出て行った妻は戻っては来ません。

お金は人生を生きていくための道具です。だからこそ、お金に振り回されるような人生を送ってはいけないのです。むしろお金を操らなければ。

老後破綻なんて言葉も聞きますが、そういう人の中には、お金のことを真剣に考えてこなかった人もいるのではないでしょうか。お金との付き合い方が下手、とも言えるかもしれません。

まず最初に「お金儲《もう》けは下品なこと」という罪悪感をなくすこと。次に「お金はありがたいもの」と感謝の気持ちを持つこと。さらにお金が入ってくるビジョンを具体的に思い描いて、お金を引き寄せるエネルギーを強化すること。

一万円札を額に入れて壁に飾るのもいいと思います。つまり、なんとなく貯めたいという中途半端な根性ではダメなのです。

お金の哲学もしっかりと備えていなければいけません。自分で稼いだお金なのですから、自分の経験や楽しみのために使っていいと思います。でも自分のためだけに使おうなどと考えず、誰かのためにも役立てましょう。自分のためだけに使ったお金は返ってこない、人のために使ったお金は返ってくる。これがお金の法則です。

お金の縁は人の縁。結婚式のご祝儀、出産祝い、新築祝い、出世祝い、お見舞いやお香典等の折には、気持ちよくお金を包むことが大切。ここでケチって義理を欠くと、人の縁が途絶え、それに伴って運の流れも停滞してしまいます。

お金は流してこそ回るもの。ある程度の貯金はしておく必要がありますが、貯金、貯金と守銭奴になるのは逆効果。「稼ぐに追いつく貧乏なし」という言葉がありますが、必死に働くことが先決です。

人生の目的は愛の実践であり、お金はそのための道具だと軸を定めてください。お金がなければ家族を養っていくことも、親の介護をすることもできません。人は愛とパンの両方があってこそ幸せになれるのです。

❹ 神の口から出る一つ一つの言葉で生きる

私はなぜ嫌われるのか？

マタイによる福音書4章4節

言葉の背景

「人はパンだけで生きるにあらず」のすぐ後に続く、イエスの言葉です。神の口から出る言葉とは霊的真理のこと。この言葉を実践すれば、あなたの人間関係が劇的に変わるかもしれません。

かつて行っていた個人カウンセリングでは「人間関係が上手くいかない」という相談を数多く受けました。そうした方に共通していることが二つあります。

一つは暗いこと。「私はなぜ嫌われてしまうのでしょうか？」と明るく話す人がいるはずもないのですが、「こんにちは！」と声をかけても俯《うつむ》いたきり口ごもってしまう有り様。これでは人にかわいがられるはずもありません。

もう一つは愚痴が多いことです。私にアドバイスを求めるわけでもなく、自分が劣悪な環境にいて、どんなに酷《ひど》いことを言われたかに終始し、少しも前向きではないのです。愚痴は不毛であるうえに、人に疎ましがられてしまう大きな要因となってしまいます。

笑顔で潑剌《はつらつ》として挨拶をすれば、その先に続くのは明るい会話です。誰だって楽しい話や自分のためになる話を聞かせてくれる人が好きなのです。自分が気の利いたことを言えなくても、相手の話に楽しげに反応するだけで好感度が高まるのです。

お笑い芸人さんには、幼少期にいじめられっ子だった人が多いと聞きます。彼らは「どうすれば人に好かれるか」と悩み、かわいげを身につけたのでしょう。その結果、人気者になれたわけです。

愚痴っていても人は離れていくばかりです。

幸せって何だっけ？

❺

求めよ、さらば与えられん

マタイによる福音書7章7節

言葉の背景

これも山上の説教。イエスの言葉は「尋ねよ、さらば見出さん。門を叩《たた》け、さらば開かれん」と続きます。イエスは「あなたがたのだれが、パンを欲しがる自分の子どもに石を与えるだろうか」とも言います。パンにもいろいろな種類があるように、幸せの定義はみんな違うのです。

自分は何を求めているのか？　何を探しているのか？　それが明確になっていなければ、せっかくのイエスの言葉も心に届きません。あなたは「何を求めてるって、幸せに決まっているでしょう」と答えるかもしれません。実際には誰もが神なのですが、もしもあなたが崇《あが》められる神なら、漠然と「幸せになりたい」と言われてどう思いますか？　もっと具体的に伝えてくれないとわからない、と思いませんか？

もし私が祈られた側なら、知りたいことは次のとおり。

・あなたは何のために生きているのですか？

・あなたの喜びとは何ですか?
・あなたの欲しいものは何ですか?

こうして掘り下げていけば、自分自身の求める幸せが見えてくるはずです。

イエスの言う「門」とは教会の門そのものを指すのではなく、霊的真理*のことだと私は解釈しています。神からのアドバイスを受けるためには日々を丁寧に暮らすこと。祈るように周囲の人と接し、祈るように食べ、祈るように家事をして、祈るように働く。こうした姿勢で叡智を授かるのを待つのが神に対する礼儀です。

たとえば、あなたの悩みがお姑《しゅうとめ》さんとの人間関係だったとしましょう。だからといって避けていたのでは悩みを手放すことはできません。

「相手の懐に飛び込む」という言葉があるように、自分から歩み寄ることです。「お義母《かあ》さんの得意料理を教えてください」と心の門を叩いてみるのです。

*霊的真理=神の摂理=自然の摂理=八つの法則。本書「はじめに」を参照。より詳しくは『スピリチュアルな人生に目覚めるために―心に「人生の地図」を持つ』『人間の絆 ソウルメイトをさがして』などの著書にて。

楽になろうよ

マタイによる福音書6章34節

❻

明日のことは明日みずから思い悩む。その日の苦労は、その日だけで十分

言葉の背景

山上の説教の中の一節。すべての人の思いを汲み取ったかのような言葉です。イエスはこの言葉の前に、「何よりもまず、神の国と神の義を求めなさい」と言っています。

人はとかく未来のことに心をとらわれ、今を懸命に生きることを忘れてしまいがちです。けれど未来は今日という一日の積み重ねによっていかようにも変わるもの。老後が不安だと悩む暇があったら、今懸命に働く。今日という日を無駄に過ごさぬよう生きる。実のところ、私たちが未来のためにできることは、それしかないのです。

思うように仕事が捗《はかど》らない日もあるでしょう。職場の人間関係にストレスを感じる日もあるでしょう。

働くお母さんであれば、仕事のことや子どもの学校のこと、家族の食事の支度や掃除、洗濯に追われ、息をつく間もなく一日が過ぎていくことでしょう。

日々いろいろなトラブルが起こります。誰もが今日という日を生きるのに精一杯なのです。

そのうえ、明日以降のことを思い煩うなんて苦しすぎます。第一、どうなるかわからない明日を案じるのは取り越し苦労というもの。もっと楽に生きてみませんか？

人生は有限です。だからこそ明日のことを考えず、今日一日を無事に過ごせたことに感謝するのです。

本当の供養とは？

マタイによる福音書8章22節

❼ 死んでいる者たちに、自分たちの死者を葬らせなさい

言葉の背景

伝道の旅の途中で、弟子の一人がイエスに、「まず、父を葬りに行かせてくださ い」と言います。現代に置き換えてみると、部下が「父が他界したので会社を休ませてください」と上司に告げているといった場面です。ここで「駄目です。いかなる理由があろうと仕事に穴をあけることは許しません」などと言う上司はいないでしょう。けれどイエスは弟子の申し出を受け入れず、このまま同行するよう伝えました。

私たちがこの世で経験する数ある試練の中で、最も厳しいものの一つは愛する人との別離、中でも死別でしょう。

最初は悲しみの感情が湧き上がり、涙にくれてしまうこともあると思います。人の情として当然です。でも、泣くだけ泣いたら、理性で立ち上がりましょう。

たましいの視点から言えば、死は悩み多い現世からの卒業を意味します。ですから「私を置いていかないで」などと執着するのは遺された者のエゴ。「私は大丈夫だから安心して旅立ってください」と伝え、故人のたましいの浄化を促すことこそが供養なのです。

人は誰もが一人で生まれ、一人で死んでいきます。このことを孤独だととらえるのではなく、孤高に生きることの素晴らしさを知る必要があります。

孤独とは自己憐憫の言葉。一方、孤高とは自律して生きることを意味します。愛する人との死別を経て、しっかりと生きて行かなくては、と私たちは覚悟を新たにすべきなのです。

❽ 人を裁くな

明日は我が身

マタイによる福音書7章1節

言葉の背景

これも山上の説教の一節。「人を裁くな」の後、イエスの言葉は「あなたがたも裁かれないようにするためである」と続きます。

いつの頃からでしょうか。テレビのワイドショーなどでは、芸能人のスキャンダルを取り上げる際、まるでその人を社会的に抹殺しようとするかのような報道が目立つようになりました。

ひとたびターゲットを定めると、連日その話題ばかり。よってたかって血まつりにあげるかのような、一億総ヒステリーとも言えるそうした報道を見るにつけ、国民全体の霊性が低くなったと感じます。

インターネット上はさらにひどい状態です。何か事件が起こると、犯人探しが行われ、個人情報が公開される。こうした「ネット私刑」と呼ばれる事象は、現代人の心の闇を象徴しています。

匿名であるのをいいことに、何の責任も負わずに、他者を裁く発言をしたり批判をしたり――。インターネットなどの文明の利器は、たましいの未熟な人間には凶器にもなり得るということです。

人を裁くなら、まず自らの生き方を振り返り、その資格や覚悟があるかを自らに問いかけなければなりません。

資格も覚悟もないのに人を裁けば、必ずブーメランが返ってきます。「因果の法則」を思い出してください。

天はあなたのすべてを見ています。行いだけではありません。心の中に抱いているよこしまな考えや、ちょっとしたズルさなどもお見通し。あなたに裁く資格がないことを、文字通り「お天道様は知っている」のです。

「裁く」ことは、身近な相手を対象に日常生活でも行われています。

家庭や職場で「あなたが悪い」と決めつける、その根拠は何でしょう？　相手が謝るまで執拗《しつよう》に責め続けるのは、自分が溜飲《りゅういん》を下げたいだけではないですか？　結局のところ、自分が相手より上に立ちたいという傲慢な心や、自分をわかってほしいという小我な思いがそうさせるのです。

明日は我が身と、肝に銘じてください。

⑨ 偽善者よ！まず自分の目から丸太を取り除け

「人を裁くな」と同じ説教の中に出てくる言葉。イエスは人を裁く前に自らを省みることを促しています。「山上の説教」の中では、最も厳しい口調の言葉かもしれません。

人は自分のことが一番見えていません。何かトラブルが起こったとき、その原因である自らの欠点や弱点、落ち度、つまり「丸太」に気づいていないのです。

たとえば夫が優しくないという人は、自分もふてぶてしい態度で接していることが多いものです。子どもが財布からお金を抜き取ると悩む親御さんがいますが、それなら財布を出しっぱなしにしておかないことです。職場に恵まれないとボヤく前に、自分は最善を尽くしているかと自問自答すべきなのではないでしょうか。

自分のことを棚に上げて、人の粗探しばかりするのは地獄絵。人を不幸にする悪の三原則——自己憐憫、責任転嫁、依存心のテンコ盛りです。

イエスもそうした人には非常に厳しく、「偽善者よ！　まず自分の目から丸太を取り除け」と語気荒く忠告しています。

自分の価値観がすべてだと考える傲慢さも「丸太」です。

家族、友達、恋人、職場の仲間……。誰もが自分の「丸太」から小さなおが屑をまき散らして生きていますが、人の欠点を見つめる人は幸せにはなれません。

まず、自分の目の中の丸太に気づくことです。

⑩

汝《なんじ》の敵を愛せよ

損して得とれ

マタイによる福音書5章44節

言葉の背景

これまた山上の説教に出てくる、世界的に有名な言葉です。イエスは「あなたがたの天の父の子となるためである。父は悪人にも善人にも太陽を昇らせ、正しい者にも正しくない者にも雨を降らせてくださるからである」と言います。天の父はどんな人に対しても平等に愛を注ぐのだと。

敵と聞くと、あなたはどういう人を思い浮かべますか？　自分の悪口を言う人、仕事の邪魔をする人、騙《だま》そうとする人、嘘《うそ》をつく人、理不尽な怒りを向けてくる人……。いずれにせよ、敵を愛するのはとても難しいことに思えます。

でも思い出してください。あなたが敵対視する人もグループ・ソウルの一員。もっと言えば「あなたは私、私はあなた」であり、敵もまた自分自身の映し出しです。

人は出会った相手の中に自分の姿を見ます。たとえば意地悪な人を見て嫌な気持ちになるのは、自分の中の意地悪な部分を見た気がするから。「自分にはそんなところはない」と思っても、実はあるのです。

こう考えてみてください。相手の意地悪に嫌な思いをするからこそ、意地悪がどういうことなのかを知る。だからあなた自身は意地悪な部分を表に出さずにすみます。相手は自分自身を犠牲にして、醜悪な部分を見せてくれたのです。

イエスが「汝の敵を愛せよ」と説くのは、敵とうわべで仲良くしなさいという意味ではありません。「波長の法則」で出会ったすべての人の中に、あなたにとっての学びが隠されていると教えているのです。

だから、敵に対して腹を立てるのではなく、気の毒な人だと愛を注いで学びに変える。その場はガマンする自分が損をした気になるかもしれませんが、霊的真理によって正しきことは正しく、正しくないことは正しくないと導かれるのですから、いずれあなたはそれで良かったと気づけるでしょう。

⓫ 一切、誓いを立ててはならない

実は私も嘘つきです

マタイによる福音書5章34節

言葉の背景

ええ、なんで!? と思う人もいるかもしれませんね。

実はこの言葉は、「離縁してはならない」という説教の後に述べられたもの。神の前での誓いを破ることとは、神への冒瀆《ぼうとく》を意味します。イエスは、守ることのできない誓いなら最初から立てるべきではないと伝えているのです。

私にとっても耳の痛い言葉です。

今年こそダイエットするぞ、と何度誓ったことでしょうか。できない誓いなら立てるな、と言われると私もしょんぼりしてしまいます。

あなたも初詣に行って「今年こそ節約生活を実現します」とか、「今年こそ自分に厳しく暮らします」などと神様に向かって誓いを立てていないでしょうか? そして、舌の根も乾かないうちに無駄遣いをしたり、朝寝坊をしたりしていませんか?

これを笑い話で済ませてはいけません。神様に嘘をつくのは、自分に嘘をつくことですから、とても罪深いこと。たとえそれが些細《ささい》なことだとしても、です。だからこの言葉の冒頭にも、ご丁寧に「一切」とついているのです。

最初から神に嘘をつこうと思う人はいません。教会で結婚式を挙げる新郎新婦も、人生のさまざまな苦難を手に手をとって共に乗り越え、添い遂げられると思うからこそ神の前で誓うのだと思います。

でも、その自信はどこからくるのでしょうか？　自分ならできると思うところにこそ、愚かさがあると気づける人は、私の知る限り多くはありません。

結局のところ、イエスは「一切、誓いを立ててはならない」という言葉を通して、「過信してはいけない」と人々を戒めているのです。

⓬ あなたがたは地の塩である

上手さより味わい

マタイによる福音書5章13節

言葉の背景

イエスが示す「塩」とは何を意味するのでしょうか？　諸説ありますが、私は個性、ひいては才能といったことではないかと理解しています。
イエスが生きていた時代、塩は貴重なものでした。個性や才能も神から与えられたかけがえのないもの。この言葉は「塩に塩気がなくなれば、その塩は何によって塩味が付けられよう。もはや何の役にも立たず、外に投げ捨てられ、人々に踏みつけられるだけである」と続きます。

この言葉を知ったとき、ある人の顔が浮かびました。それは、私が中学校時代に教わった美術の先生です。高校受験前、その先生に将来は絵の道へ進もうと思っていると私が伝えたところ、こう言ってくれました。「上手な絵は誰にでも描ける。味のある絵を描きなさい」と。技術だけでは人の心を摑《つか》むことはできないと、そのとき知りました。

最近、ある著名なアーティストが小学生の頃の絵画教室でのエピソードを明かして話題になりました。生徒の絵を塗り潰して、絵画に正解があるかのように修正した教師がいて、「こんな悪人が世にいるのか」と思ったのだとか。私も同感です。

小説も同じように、文章が上手ければよいというものではありません。作者が人生を通じて得た切実な想いが読者に伝わることで、人の心を動かします。大切なのは技術より味わいなのです。

身近な話で言えば、料理も例外ではありません。器用な人がささっと上手に料理するのを羨ましく思うかもしれません。けれど、不器用な人が失敗を重ねて試行錯誤することで、深い味わいが出ることがあります。

すべてに共通することは、味わいは努力なしには出てこない、ということ。仕事でも家事でも芸術でも、こんなもんだろう、と小手先でつじつまを合わせると、それは必ず相手に伝わります。

塩気のない塩が、人の心を動かすことはないのです。

マタイによる福音書5章14節

⑬ あなたがたは世の光である

「あなたがたは地の塩である」の節に続く言葉。現代に生きる私たちは「世の光」をどんなふうにとらえればいいのでしょう?

相撲では近年、外国人力士の活躍がめざましく、日本人力士にもっと頑張ってほしいと残念に思っている方が多いかもしれません。

外国人力士にあって日本人力士にないもの——それは、背負っているものです。昔の力士は「家族を養うため」「両親に家を建ててあげたい」といった目標を持って、自分を奮起させていました。

背負うものがなくなったことが、日本人力士の活躍が振るわなくなった原因だと思います。

昭和の演歌歌手も同じように、何かを背負って頑張る方が多かった。

特別な世界に限らず、日本人全体が弱くなったと言われたりもします。これも同じ理由です。力士や演歌歌手だけではありません。昔の日本人は、誰もが何かを背負って生きていました。

ハングリー精神という言葉がありますが、私の言いたいことは少し違います。背負っている＝誰かを助けたい、という気持ちです。それがなくなり、自分さえよければいいと思う日本人が増えたのです。

昔は自身が都会で働き、決して多くないお給料の中から、田舎の両親に仕送りしている人も少なくありませんでした。今はどうでしょう？　都会で暮らすには足りないだろうと、親のほうが心配してわが子に仕送りをしています。

誰かのために頑張る人は、みんな「世の光」。逆に言えば、自分のためだけに頑張れることなど、たかがしれているのです。

⑭

人に信じてもらえないのはなぜ？

マタイによる福音書5章15～16節

ともし火をともして升《ます》の下に置く者はいない。
燭台《しょくだい》の上に置く。
そうすれば家の中のものすべてを照らすのである。
そのように、あなたがたの光を人々の前に輝かしなさい。
人々があなたがたの立派な行いを見て、
あなたがたの天の父をあがめるようになるためである

言葉の背景

「地の塩、世の光」の説教に続けて、イエスはこう述べました。この言葉は聖職者に向けて語られていると、私は思います。そして私たちにこう伝えているのです。「人を信じるためには行動を見よ」

「自分は人から理解されない」と悩む人がいます。そういう人はたいてい職場で「こんなに働いているのに評価されない」と思っています。なぜそうなるのか？　理由はいたってシンプル。行動が伴っていないからです。

職場で評価されないのは、仕事ぶりに問題があるからです。本当に人一倍働いていれば、全員には伝わらなくても、わかる人にはわかるはず。逆に、行動が伴っていない人がどんなに立派なことを言ったところで、「大風呂敷を広げる」とか「ビッグマウス」と言われるのがオチです。

行動が伴っていないと言えば、最も深刻に受け止めなくてはならない人たちがいます。それは人々に教えを説く人、人々を導く人、不正を正す人などです。

具体的に挙げれば、教職を含める聖職者、警察官、宗教家。私を含め、霊的真理を伝えるスピリチュアリストもそうです。

人は聖職者や宗教家の尊敬できる行動を見て初めて、その人の説く宗教を立派だと思うもの。これこそが正にイエスの言う「天の父をあがめるようになる」です。そうした行動を目にすると、「本当に神様っているんだ」と思うようになるのです。

昔は教師も人格者でいようと努めました。警官も同じです。今では、こうした職に就いている人たちによる犯罪が、毎日のようにニュースで報じられています。本来、尊敬される職であるはずなのに軽んじられてしまうのは、実践が伴っていない一部の人がいるからです。認めてもらうには、行いを正すしかありません。

私が幼い頃、家の近くに素晴らしいお坊さんがいました。

父親を早くに亡くした私の家では、母親が働いて家計を支えていました。誰も家にいないこともあったのですが、そんなとき、そのお坊さんは勝手に上がってお経をあげてくれました。お経だけではありません。お金を置いていってくれたのです。時代のせいか、当時は防犯をあんまり気にしていませんでした。今だったら、お経をあげる前に、不法侵入を疑われてしまうかもしれませんね。

そのお坊さんは常に私と家族を気にかけてくれました。欲しいものがあって母に駄々をこねていた私に、「これで買いなさい」と後でお小遣いをそっと手渡してくれたこともあります。

けれど、ご自身はいつも控えめで、せっかく来てくださったからお食事を一緒に、と母が出前をとろうとすると、注文されるのはいつも、もりそばでした。

その方のことがあるから、世の中にはいろんなお坊さんがいても、私はお寺を尊重しています。そして折に触れ、懐かしさと共に「行動すべてが立派な方だった」とあらためて尊敬の念を抱くのです。

⑮

兄弟に腹を立てる者は
だれでも裁きを受ける

すべては鏡

マタイによる福音書5章22節

言葉の背景

兄弟に腹を立てると、いったいどんな裁きを受けるのでしょう？　この言葉のすぐ後で明らかになります。「兄弟に『ばか』と言う者は最高法院に引き渡され、『愚か者』と言う者は火の地獄に投げ込まれる」

火の地獄!?　ちょっと厳しすぎないかと思いますよね。でも「グループ・ソウルの法則」で考えてみれば理解できるのです。イエスの言う「兄弟」とはグループ・ソウルのこと。つまり、兄弟とは自分自身のことでもあるのです。

職場などで「あの人は無能だ」と冷たく切り捨てる人がいます。けれど「グループ・ソウルの法則」で言えば、人のことを「バカ」と言う人は、自分のことを「バカ」と言っているのと同じ。自分を貶《おとし》めているのと同じなのです。

人をけなすことは、自分をけなすこと。人を褒めるのは、自分を褒めること。なぜかというと、私たちのたましいは究極的には全部一つだからです。

私たちの誰もが天で裁きを受けます。

私たちのたましいは、あの世で天のジャッジメントを経て浄化していきます。けれどその判定は「自分は人殺しはしていないから大丈夫」といった単純な基準ではありません。

現世での行いは、善きことも悪しきこともアカシックレコードに刻まれます。そこには、人の悪口を言った、足を踏んでも謝らなかったといった、日常の些細なことまでですべてが含まれます。ですから常に「天国の心」で暮らすことが大切なのです。

天国の心で暮らすとは、具体的にはどういうことでしょうか。マザー・テレサの言う「五つの沈黙」が教えてくれます。

・人の過ちや罪深いすべてのものに目を閉じ、神の美徳を探す「目の沈黙」。
・ゴシップや告げ口、無慈悲な言葉などに耳を塞ぎ、神の声や貧しい人たちの叫びに耳を傾ける「耳の沈黙」。

・不安や苦しみを引き起こすネガティブな言葉を慎み、私たちを啓発し、鼓舞し、平安や希望や喜びをもたらす神の真理《まこと》の言葉――イエスの言葉を口にする「舌の沈黙」。
・嘘や混乱、破壊的な考え、軽率な評価、他人への疑いや復讐心、さまざまな欲望などに精神を閉ざし、祈りと黙想によって神の真理と知識に精神を開く「精神の沈黙」。
・自分本位な考え、憎しみ、恨み、妬《ねた》み、欲張りを避け、私たちの心、たましい、精神、力において神を愛し、神が愛するように他者を愛する「心の沈黙」。

いかがでしょうか?

この「五つの沈黙」を心に刻み、今、この瞬間を幸せに過ごしましょう。それで十分。その瞬間瞬間が私たちの求めるすべてであり、他には何もいらないのです。

⑯

右の頬を打つ者には、左の頬をも向けなさい

マタイによる福音書5章39節

どうぞ、どうぞ

言葉の背景

とても有名な言葉ですから、ご存じの方も多いことでしょう。イエスの言う「頬を打つ」とは、物理的な暴力だけを指すのではなく、嫌がらせ、敵意を向ける、裏切るといった精神的な攻撃も含まれています。

たとえばパートナーの浮気が発覚したとき、多くの人がパートナーを責めたり、浮気相手に憎しみを募らせたりすることでしょう。けれどイエスは、自分がされたことに対して「抵抗してはいけない」と言うのです。

世の中では自分が受けた仕打ちに対してすぐに戦闘モードになり、反撃して屈服させる人が強い人だととらえられています。誰かに人生の邪魔立てをされても黙認する人は、泣き寝入りをする弱い人だととらえる向きもあります。

けれど、イエスは、あえて「どうぞ、どうぞと受け入れなさい」と諭すのです。

そんなことできない、と思いましたか？　でも改めて考えてみてください。右の頬を打たれてすぐ逆襲する人より、左の頰もどうぞと差し出す人のほうが本当は怖くありませんか？

これは生きる姿勢の問題。たとえ誰にどんな仕打ちを受けようとも、自分の道を歩むという強い信念を持っている人は、生き方に気迫がみなぎっています。

そうした人は相手に反撃をしなくても、自然と「この人にはやっぱりかなわない」と思わせ、敗北感を与える力を持っているのです。

他者を屈服させようとする気持ちに歯止めをかけ、「戦わない強さ」を備える。負けて勝つ、と思えば、悔しさや憤りをぐっと飲み込めるのではないでしょうか。

こちらが懲《こ》らしめてやろうなどと思わなくても、信義に背く人はいずれ天から学びを与えられることになる。時が解決してくれることもあるのです。

⑰

祈るときは、異邦人のようにくどくどと述べてはならない

四の五の言うな

マタイによる福音書6章7節

イエスの言う「異邦人」とは、外国から来た人という意味ではなく、霊的真理に目覚めていない人のことを指しています。

イエスはこの言葉の前に「あなたが祈るときには、奥まった自分の部屋に入って戸を閉め、隠れたところにおられるあなたの父に祈りなさい。そうすれば隠れたことを見ておられるあなたの父が報いてくださる」と説いています。

「奥まった自分の部屋」とは本当に奥の部屋へ行きなさいと言っているのではなく、「自分は満たされた状態にあると知りなさい」という意味。そのうえで祈ったならば報いがある。そう言って、謙虚な心を持たずに祈る人に、釘を刺しているのです。

「苦しいときの神頼み」などと言って困ったときだけ神に縋《すが》る人がいます。そういう人に限って、自分がどんな目に遭い、どれほど辛い思いをしているかをくどくどと訴えたがるもの。これこそが「天は見てござる」という認識に欠けている証拠で、神＝

霊的法則はすべてお見通しですよ、とイエスは少々呆れているようです。
この言葉の次は、本題とも言える具体的な祈り方をイエスが指南します。

天におられるわたしたちの**父**よ、
御名《みな》が崇められますように。
御国《みくに》が来ますように。
御心《みこころ》が行われますように、
天におけるように地の上にも。
わたしたちに必要な糧《かて》を今日与えてください。
わたしたちの負い目を赦《ゆる》してください。
わたしたちも自分に負い目のある人を赦しましたように。
わたしたちを誘惑に遭わせず、悪い者から救ってください。　（同9〜13節）

個人的な苦悩を解決して欲しいなどというのは、祈りではなく愚痴。学びを受け入れて、自力で乗り越えるしかありません。愛の鞭《むち》を受けるのです。

しかもイエスは「わたし」ではなく、「わたしたち」のために祈りなさいと諭しています。自分だけがよければいいと考える小我な人が救われることはないのです。

⑱ 富は天に積みなさい

マタイによる福音書6章20節

言葉の背景

物質的価値観で生きる現代人に活を入れているかのような言葉です。多くの人がもっとお金が欲しい、もっと広い家に住みたい、地位や名誉を手にしたいと地に富を積むことにこだわっているのではないでしょうか？　けれどイエスは、地上に積んだ富は「虫が食ったり、錆《さ》び付いたりするし、盗人が忍び込んで盗み出したりする」と言います。つまり幻のように儚《はかな》いものだと伝えているのです。

私たちはお金がないと暮らせません。もちろんそれは大前提です。そのうえで繰り返しますが、お金はあくまで現世で心を鍛えるための道具です。努力した結果、地位や名誉を得るのは素晴らしいことですが、肩書は飾りに過ぎません。

道具や飾りに翻弄されて生きるのは愚かなことだとは思いませんか？

にもかかわらず、あなたは欲を出して人情に欠けたことをしたり、築いたものを誰かに奪われるのではないかと不安に思ったりしているのではないでしょうか。

富を築けば、人から丁寧な扱いを受けることもあるでしょう。けれど、その人が見ているのはあなたの心ではなく富。それは果たして幸せでしょうか。

自分は自分と割り切り、分相応な暮らしをする中で人は安らぎを覚えます。それが本当の幸せ。このことを忘れてはいけないのです。

かつて私はあまりの忙しさに疲れ果て、母の仏壇に向かって、

「なぜこんなに働かなくてはいけないのかな？」

と思わずこぼしてしまったことがありました。すると、はっきりと母の声が聞こえたのです。

「周囲の人のためだ。だからお前を稼がせた」

そのとき私は、ここまで来たのは自分の努力の賜物《たまもの》と過信していたことを恥じ、人のために尽くすことが自分の原動力になっていることに思い至ったのです。想像力に欠けたままでは自己憐憫から脱却することはできなかったと思います。

「人のために尽くす」という天に積んだ富は、決して朽《く》ちることも失われることもないのです。

⑲

オーラと目の関係

マタイによる福音書6章22～23節

体のともし火は目である。
目が澄んでいれば、
あなたの全身が明るいが、
濁っていれば、全身が暗い

私の解釈では、「体のともし火」とはオーラのこと。オーラとはたましいが放つエネルギーのことです。

私がスピリチュアリストとしての活動を始めた三〇年ほど前には「オーラ」という言葉を誰も知りませんでしたが、今では「あの人はオーラがある」といった具合に、日常会話の中に普通に出てくるようになりました。

でも実のところ、「あの人にはオーラがある」は誤用。オーラがなければ死人になってしまいます。正しくは「あの人のオーラは輝いている」です。

オーラには二種類あって、一つは健康状態を表す「幽体のオーラ」。もう一つは心の状態を表す「霊体のオーラ」です。

後光が差す、という表現がありますが、それは霊体のオーラのこと。絵画でも輝く黄金のオーラがイエスの頭上に描かれています。

人のオーラは千差万別ですが、経験と感動のスタンプであるのは誰にとっても同じ。違いは色に出ます。

懸命に努力している人は情熱の赤が出てきます。社交的な人は黄色、冷静な人は青が出てくるというように、その時々の心模様を受けて色や濃淡、輝きの強弱が変化していくもの。オーラは現時点での生命力のバロメーターでもあります。

「江原さんはオーラが視《み》えるから」と思う方がいるかもしれませんが、霊能者でなくても人のオーラはわかります。

イエスが言うように、オーラはその人の目に宿るもの。目が生き生きとしている人は、生命力に満ち溢《あふ》れていて明るい印象です。一方、目に生気が感じられない人は、存在感が薄く暗い印象しか受けません。

また、「目は口ほどにものを言う」の言葉通り、心の有り様《よう》は目に表れます。ネガティブな気分のときに目が輝いている人はいません。

濁った目では、美しい景色も素晴らしい人もフィルターがかかったように曇って見えてしまうことでしょう。

心を清らかにして澄んだ目であたりを見渡せば、あなたの前にはこれまでとは違う光景が広がっているはずです。

なぜ岐路があるのか？

マタイによる福音書6章24節

⑳ だれも、二人の主人に仕えることはできない

言葉の背景

人生には究極の選択を迫られる厳しい局面がありますが、そんなときに思い出したいのがこの言葉。イエスが授ける重要な生き方哲学です。「あなたがたは神と富とに仕えることはできない」と結ばれているところがポイント。「神」と「富」は霊的真理と物質的価値観に置き換えることができます。

人生には岐路があります。まっすぐな一本道を歩んでいくことができればよいのですが、それでは人は学びを深めることができません。

結婚するかしないか、子どもを持つか持たないか、離婚するかしないか、転職するかしないか……。

どちらの道を選ぼうかと迷う中で、人は自分を見つめ、答えを探していく。岐路に立たされたら、それは人生について真剣に考えるチャンスなのです。

離婚を考えている女性の中には、経済的に自立できないことを理由に踏みきれずにいる人が少なくありません。それぞれに状況が異なるので一概には言えませんが、離婚したい理由が夫による家庭内暴力であったり、子どもの教育上問題があるような場合、感情ではなく理性で決断を下す必要があります。

経済的な事情で子どもに不自由をさせたくない気持ちはよくわかりますが、それは果たして大我の愛でしょうか？　あなたが人生に求める幸せでしょうか？　将来、進学で苦労をすることになっても、シングルマザーで頑張る母親の背中を子どもはちゃんと見ています。たとえ経済的に豊かでなくても、母親の生き様を誇りに思うはず。

一方、自分のために母親が離婚を決断できずに我慢を強いられたと知ったら、子どもは罪悪感を抱くはずです。自己犠牲のすべてが霊的真理だと勘違いする人がいますが、このような場合は、実は経済力という物質的価値観を優先しています。霊的真理の大我の愛は、真の意味で相手を思うことなのです。

「二人の主人」の選択肢で迷ったときには、どちらが霊的真理に従っているのかを考えてみてください。

㉑

あなたがたは、鳥よりも価値あるものではないか

降りてもいいよ

マタイによる福音書6章26節

言葉の背景

厳しい言葉が多い「山上の説教」の中では、癒やしとも言える一節。「空の鳥をよく見なさい。種も蒔かず、刈り入れもせず、倉に納めもしない。だが、あなたがたの天の父は鳥を養ってくださる」に続くのがこの言葉です。


この言葉に、私は深く考えさせられます。

もちろん自然に身を委ねて鳥のように軽やかに生きるのは素晴らしいと思います。とはいえ、自然に生きることと、「これって怠惰では?」という思いの間で、多くの人が悩むのではないでしょうか。なぜなら、資本主義社会で生きている私たちは、働かないことを罪だと感じてしまうからです。

しかし、そもそも人は働くために生まれてきたわけではありません。生きるために働くのです。生きることが主体で仕事は手段。たとえば自分には競争社会は向いていないと思うのなら、自分に合う生き方を探ればよいと思います。

そう、降りてもいいのです。

まだ働いていなくても同じことが言えます。いい高校を目指して頑張って勉強しても、受験に合格してそこで終わるわけではありません。次は大学、その次は就職――。果たして、どこまで頑張ればいいのでしょう？

欲がない現代の若者を指して「イラナイ族」「さとり世代」などと呼びます。なぜ若者に欲がないのかというと、自然に生きることの大切さに気づいているからかもしれません。

どちらの生き方がいい、悪いではありません。人生に正解はないからです。

ただし、どんな生き方をしようと人生に苦労はつきもの。空を自由に飛ぶ鳥も生きることをサボっているわけではありません。

どんな道を選ぼうと、懸命に生きることが前提です。

㉒ 狭き門から入りなさい

幸せの門は狭い

マタイによる福音書7章13節

言葉の背景

この言葉だけでは意味がわかりにくいですが、「狭き門から入りなさい。滅びに通じる門は広く、その道も広々として、そこから入る者が多い。しかし、命に通じる門はなんと狭く、その道も細いことか。それを見出す者は少ない」と全文を読めば、イエスの言わんとすることがわかるでしょう。

イエスの言葉はいつのときも実用性に富んでいます。たとえば恋愛も「狭き門から入りなさい」なのです。

結論を先に言えば、耳当たりのいいことを言う相手には用心すること。特に女性は「愛してるよ」などと言われるとたちまちほだされてしまう傾向にありますが、言葉だけを信じてはいけないのです。気持ちがなくても「愛している」と言うことは簡単にできるのですから。

言葉ではなく行動を見なくては。デートの約束をドタキャンしたりはしないか、あなたの話を適当に聞き流してはいないか、あなたのことを傷つけるような振る舞いをしないか……。

安易に飛び込んだ恋愛は悲しい結末を迎えるのが常。冷静に相手を見極め、時間をかけて関係性を築いていく理性が必要なのです。

結婚も同じです。相手の条件のみを重視して結婚した結果、「こんなはずじゃなかった」と嘆くのは「楽な生活をしたい」と広い門から入ったからです。結婚は忍耐を学ぶ場。たとえば、相手の経済的事情や家族のことで苦労することが予測できても、二人で協力して乗り越えていけば、お互いへの思いやりや感謝など、かけがえのない宝を得ることができます。

恋愛や結婚に限らず、広い門から入り、イージーに広い道を歩きたいと望む人はエゴイスト。けれどこの世はそんな人だらけ。それでは誰も幸せになれないと、イエスは憂えています。

オーラの交換必須

マタイによる福音書10章12節

㉓

その家に入ったら、「平和があるように」と挨拶しなさい

言葉の背景

イエスは町や村を回り、神の教えを伝え、人々の病気や患いを癒やしました。さらに多くの人々を導き癒やすために一二人の弟子を派遣します。マタイによる福音書10章に記されているのが、弟子を派遣するにあたってイエスが述べた言葉です。

イエスは「疲れた者、重荷を負う者は誰でもわたしのもとに来なさい。休ませてあげよう」と言っています。キリスト教徒の方々にとって教会は心の家であると言えるでしょう。イエスはこの言葉で宗教を問わず万人に向けて、我が家を心の家としなさいと説いているのです。


我が家を心の家にするには、家の中が平和な状態でなくてはなりません。ところが、家の平和を願う割には、実際には反対の行動をとっている人も見受けられます。

たとえば、結婚して相手の家に嫁いだ場合。義理の家族と衝突したり、そのことが原因で夫と揉めたりしていたら、「平和を願っている」とは言えません。

外でどんなに嫌なことがあっても、家の中が平和であれば、明日のための英気を養うことができます。それは自分のためだけではなく、家族に対する思いやりでもあるのです。

日々の言動に気をつけることから始めてみましょう。家族に対する愛は言霊が伝えてくれます。

「いってらっしゃい」は家族の無事を祈る言葉。「おかえりなさい」は家族が外から持ち帰った厄を払う言葉。「おはよう」は家族の元気な姿を喜ぶ言葉、「おやすみなさい」は家族に安らぎを与える言葉。「ごめんなさい」は仲良くしたいと伝える言葉。そして「ありがとう」はあなたがいてくれてよかったと伝える言葉です。

当たり前の挨拶の中に愛の言霊が宿るのです。

また、料理や掃除、洗濯やアイロンがけなど、すべての家事はオーラマーキング。家族に美味しい食事を作ってあげたい、快適に暮らして欲しいという「念」がバリアとなって災難を撥《は》ね除《の》けるのです。

もちろん一緒に過ごす時間を設けることも欠かせません。中でも共に食卓を囲み、同じ食事を共有することはオーラの交換を意味します。オーラの交換を通じて家族の絆をしっかりと築いていくことが大切です。

この世を生き抜く方法

マタイによる福音書10章16節

㉔

蛇のように賢く、鳩のように素直に

言葉の背景

旧約聖書の創世記に「神が創られた野の生き物のうちで、最も賢いのは蛇であった」と記されています。鳩は古代のイスラエルで「柔和、無邪気、純潔」のシンボルとされていました。


この言葉は、清濁併せ呑《の》んで生きなさいという指南なのですが、これが果たせるかどうかは大修行だと言えるでしょう。

たとえばお姑さんと揉めた際、道理に適《かな》っているのは自分だと確信がある場合。そこで道理を説いたところでさらに怒りを買うだけです。とはいえ、どうにも悔しいときもあるでしょう。

そうした場合にはあえて「姑」の立場を尊重する「嫁」を演じてみるのです。この場面での「嫁」はどう振る舞えば芝居が美しく収まるか、演出家になったつもりで考えるのです。

職場でも同様です。理不尽な理由で上司から叱られて、イラッとして反抗すればさらに鞭打たれるのが世の常。ここは負けるが勝ちと機転を利かせるのが得策です。それができないのは理性よりも感情が優位になってしまうからです。

鳩のように素直な気持ちで生きている人もたくさんいると思います。けれど素直なだけで自分の考えがないのは、依存心の強い人。もしくは愛に欠けた人。

子育てにしても、考えを持って厳しく言うときには厳しく、ときには嘘も方便でおだてることも必要。

根底にあるのが小我なのか大我なのか、動機を自ら確認することが大切です。そして何よりも、この世は未熟者の祭典なのだと認識することが重要です。

「あの人にはがっかりした」などと言う人がいますが、人間関係は腹六分で、他者に期待せず、親しき中にも礼儀ありで相手の領域に踏み込まないこと。このさじ加減がわかる人のことを、聡明な人と言うのです。

㉕

皇帝のものは皇帝に、神のものは神に返しなさい

マタイによる福音書22章21節

言葉の背景

ファリサイ派（律法を厳守するユダヤ教の一派）の人々がイエスを罠《わな》にかけようと画策し、弟子たちを使ってイエスに質問させせます。「皇帝に税金を納めるのは律法に適《かな》っているでしょうか？」と尋ねられたイエスは悪意に気づいてこう答えました。

私の解釈では皇帝とは物質的価値観。現世には物質界ゆえのルールがあり、それには従わざるをえないと伝えています。イエスはここで言い留まっていますが、この言葉の後に「すべてのものは天の国のものである」と補足することができるでしょう。


最近になってよく受ける悩み相談に、「先祖代々の土地に固定資産税などの維持費がかかり生活が圧迫されているのですが、売却したらご先祖様に崇《たた》られてしまうのでしょうか？」というものがあります。

この悩みの問題点は二つ。一つはなぜ親が生きているあいだに話し合って決めておかなかったのかという現実的なことです。葬儀やお墓問題などもそうですが、私はこうした悩み相談を受けるにつけ、エンディングノートの重要性を痛感するのです。エンディングノートは家族に対する愛の表れ。「故人の霊は怒っていないだろうか?」と思い悩む中で鬱になる人も珍しくありません。

死んだあとの話など縁起でもないという人や、伝えなくても家族はわかっているはずだなどと考える人もいますが、それは横着というもの。誰もがいつかは死を迎えます。遺志はハッキリと伝えておかなければ、家族が路頭に迷わないとも限りません。自分の遺志は家族にきちんと伝えておくようにしましょう。

もう一つの問題点は霊的視点によるものです。たとえそれが先祖代々続く立派な家だとしても、貧窮する子孫の姿を見てもなお執着するご先祖霊はいません。

そもそもこの世にあるものはすべて天の国から借りているだけ。生前にどんなに強欲な人であっても、あの世へ帰れば返上するのが当然だと悟ります。

もっと言えば、たましいも肉体も借りているもの。そのことに対する感謝を抱き、一つでも世の中に還元して生きるのが私たちの務めなのです。

26

「私、褒められて育つんです」と言う人に

マタイによる福音書22章37節

心を尽くし、精神を尽くし、
思いを尽くして、
あなたの神である主を愛しなさい

言葉の背景

ファリサイ派の律法の専門家がイエスを試そうと「先生、律法の中で、どの掟《おきて》が最も大切でしょうか？」と尋ねます。イエスは第一の掟として、この言葉を伝えました。イエスは、自分自身を愛しなさいと言っているのです。

「自分好き」と自分を愛するのは違います。多くの人が自分自身を愛する術《すべ》を知らないのです。

部下から「私、褒められて伸びるタイプなんです」と言われて驚いたという人の話も聞きますが、人に褒めて欲しいと望むのはお門違い。私が上司なら「そんなことを言っている間に仕事をしてくれ」と伝えます。

たとえば仕事で良い結果を出すことができなかった場合。自分なりにベストを尽くしたと思うなら、「クヨクヨしないで頑張ろう！」「次はきっとうまくいく」と、自らを奮起させる。油断していたと思うのなら、「ツメがあまい！」「調子に乗っているからダメなんだ」と自分の心を戒めるのも愛なのです。

仕事を頑張るのは当たり前のことで、本来は誰も褒めてなどくれないのです。褒めてもらいたいと思うのは、依存心の表れ。誰かに注目して欲しいと考えるのは自己顕示欲です。

人生はままならないものですが、どんなときも心の誤作動を起こすことなく、まっすぐに生きていくためには、愛を持って自分のたましいを見つめ、成長を育む必要があります。

自己憐憫は不幸の始まり。謙虚さを保ちつつ、自分を愛してあげましょう。

㉗ 自分を愛するように あなたの隣人を愛しなさい

マタイによる福音書22章39節

言葉の背景

「心を尽くし、精神を尽くし、思いを尽くして、あなたの神である主を愛しなさい」という第一の掟に続き、第二の掟として伝えたのが、この言葉です。

あなたは他人の行いが間違っていると感じたとき、きちんと忠告することができますか？

最近、他人を叱れない人が増えています。

本来は、叱るのも愛することです。その意味で、現代は「愛を封印する時代」と言えるでしょう。

パワハラと言われるのを恐れ、部下のために忠告すべき場面でも口を噤《つぐ》んでしまう人がいます。万引きした子どもを叱るのではなく、「どうして万引きしちゃったのかな？」と寄り添うことが大切だと呼びかける人もいます。

でも私は、叱るべきときには叱ることが大切だと思うのです。

自分が悪者になっても、この人のために一肌脱ごうと考えるのが愛です。厳しい一言ではたと目が覚め、その人の人生の軌道修正ができたなら幸い。間違っている人を叱れない人は、他者が人生を好転させるチャンスを奪う冷酷な人だとも言えるのです。

愛の対極にあるのは無関心であり、事なかれ主義は小我の表れ。感情的に怒鳴るのではなく、言葉を選び、タイミングを見極めて冷静に忠告すれば、必ず相手の心に響くはず。その手間を惜しむのも愛なき行為です。

実のところ、最も大切なのは言葉ではなく、行動です。言葉ではどんなことも言えます。人の心に響くのは言葉ではなく、犠牲を払って自分のために正しき道を示してくれた人の優しさです。

事なかれ主義の言葉に、神は宿らない。そんな言葉が蔓延《まんえん》する世界は、嘘くさくてさみしいと私は思います。

㉘

あなた、自分の首絞めてませんか？

マタイによる福音書7章23節

あなたたちのことは全然知らない

言葉の背景

イエスは「偽預言者を警戒しなさい。彼らは羊の皮を身にまとってあなたがたのところに来るが、その内側は貪欲な狼《おおかみ》である」と呼びかけています。この言葉をふまえ、それでも欲望に目がくらんだり、自分は大丈夫だと過信して毒されていく人々にイエスが宣告するのが「きっぱりとこう言おう。『あなたたちのことは全然知らない。不法を働く者ども、わたしから離れ去れ』」というこの言葉です。

誰もが「タダより高いものはない」という言葉を知っています。それなのになぜ、元本保証で必ず儲かるなどと銘打った投資詐欺に遭う人が後を絶たないのでしょう？ なぜ多くの人が無料で使用できるモノやサービスに、ためらうことなく飛びつくのでしょう？

言うは易《やす》く行うは難し。滅びに通じる門は広いのです。考えの浅い人は、ラッキーと思って安易に通れる広い門を選んでしまうのです。

日本には昔から「安かろう悪かろう」という教えがあって、「安物買いの銭《ぜに》失い」ということわざもあります。しかし現代は、安さを追求する時代。「安かろう良かろう」と思い込んでいます。

毎日食べるものなどは安くて質がよければそれに越したことはないのですが、残念ながら安いのには理由があります。安かろう悪かろうのジャンクフードが体に悪いことは誰でも知っているのに、手間がいらないから、安いからと食べ続けている人が少なくありません。

一方で野菜や果物の見栄えにこだわりますが、作物の形が歪《いびつ》なのは自然なこと。不自然な方法で形だけ美しく生産された作物は人間の体に悪影響を及ぼすと考える人は多くはないのが実状です。

己の行いを省みずにパワースポットで現世利益を求める人はもちろんのこと、欲望に目がくらんで安さに飛びつく人は、天から「あなたのことは知らない」と見放されてしまうでしょう。

社会を悪くしているのは誰なのか？　私たちは自らの首を絞め、子孫の首を絞めているのではないかと考え、回心すべきときを迎えています。

㉙

なぜ怖がるのか。信仰の薄い者たちよ

人生の意味、知ってますか？

マタイによる福音書8章26節

ガリラヤ湖で船に乗ったイエスと弟子たちが激しい嵐に遭います。船は今にも転覆しそうになり、不安を抱いた弟子たちが眠っているイエスを起こし、「主よ、助けてください。おぼれそうです」と訴えます。

それに対してイエスが告げたのが、この言葉。

「信仰」とは霊的真理を理解しようとする姿勢のこと。それが薄いとは、霊的真理を無視しているわけではないけれど、完全には理解していない状態。霊的真理の泉で口はすすいでも、飲んで清まろうとはしない人たちに向けられた指南だと言えます。


「この世には三つの坂がある。上り坂、下り坂、そして『まさか』」というのは結婚式のスピーチでよく使われるフレーズですが、人はこの「まさか」に弱いもの。けれど、誰の人生にも当然のごとく想定外の出来事が待ち受けています。

ではいざ、その「まさか」が身に振りかかったとき、私たちはどうすればいいのでしょうか?

答えはイエスのこの言葉にあります。

衝撃的なことがあれば動揺するのは当然です。イエスも動揺するなと言っているのではなく、速やかに心に錨《いかり》を下ろしなさいと伝えているのでしょう。たとえ感情が揺らいでも、霊的真理をどっしりと心に備えていれば、自分だけ助かりたいといった小我を手放すことができる。怖がることはないはずだと。

何かトラブルが起きたときに、冷静に対処すれば複雑に絡んだ運命の糸も解きほぐすことができるのに、多くの人がオロオロするばかり。越えられない試練を与えられることはないにもかかわらず、自暴自棄になって糸を引きちぎってしまったり、放り投げてしまう人も少なくありません。

霊的真理を「理解している」と言うのは簡単です。しかし、いざ自分の身に何か起こったとき、実践するのはとても難しいものです。

私が過去に受けた相談の中には「子どもが先に死ぬとは思わなかった」と言った人

もいました。もちろん子どもを先に見送らなければならないのは大きな試練です。その嘆き、苦しみはいかばかりかと心が痛みます。

けれど、何が起こるかわからないのが人生。何が起きても不思議ではないと悟ることで、今日が最後だと思って一日を過ごそう、会うのはこれが最後かもしれないと思って人に接しよう、と大我な気持ちで暮らすことができるのです。

失うことへの恐怖から脱すると、人は幸せに近づきます。

失うのが怖いのはあなただけではありません。

イエスのこの短い言葉が伝えている教えは、とても深いものだと私は思います。

マタイによる福音書9章5節

それは本末転倒です

㉚

「あなたの罪は赦される」と言うのと、「起きて歩け」と言うのと、どちらが易しいか

言葉の背景

イエスのもとに病気で寝たきりの人が運ばれてきました。イエスがその人に「元気を出しなさい。あなたの罪は赦される」と声をかけたところ、その人は立ち上がって神を賛美しながら家に帰りました。ところが、その言葉が神を冒瀆していると考える人々がいたのです。彼らの考えを察したイエスは、こう言ったのです。

私はこの言葉からイソップ童話「北風と太陽」を連想しました。

ある日、北風と太陽が「どちらが先にあの男性のコートを脱がせることができるか競争しよう」という話になり、北風は強風によって力任せにコートを脱がそうと企てますが逆効果。次に太陽がポカポカと照らすと男性はすんなりとコートを脱いだ――という物語で、人の心は強引に力任せに変えようとしても変わらない、変わろうと思う環境を提供することが先決だ、と説いています。

ところが現実の社会ではこの教訓が生かされていないようです。たとえばある学校では、生徒たちのあいだでブランド物のマフラーが流行っていたことから、マフラーそのものを禁止する校則を定めたといいます。

ブランド物を身に着けるなんて学生にふさわしくない、と考えてのことかもしれませんが、私は生徒たちの反発を煽《あお》るだけではないかと思います。そもそも校則とは生徒たちを押さえつけるためのものではなく、健やかに心身を成長させるためのもの。マフラーを取り上げて風邪をひかせては本末転倒です。

愛を持って人を善に導くのが教育です。ギュウギュウに押さえつければ人を意のままに動かせる、と生徒たちに刷り込む結果になれば問題は深刻です。

そうして育った生徒は、親になったとき、子どもに強制することが躾《しつけ》だと思うかもしれません。上司になったときに部下を牛耳《ぎゅうじ》るのが当然と考えるかもしれません。歪《ゆが》んだ教育が社会に及ぼす悪影響は計り知れないのです。

あなたが選んだ道だから

マタイによる福音書9章13節

31

わたしが来たのは、正しい人を招くためではなく、罪人《つみびと》を招くためである

言葉の背景

罪人と食卓を囲んでいたイエスに、ファリサイ派の人たちが「罪人と交わるなどあり得ないことだ」と詰め寄ると、イエスはこう言いました。「医者を必要とするのは、丈夫な人ではなく病人である。わたしが来たのは、正しい人を招くためではなく、罪人を招くためである」

ファリサイ派の人たちは体を清め、安息日を守り、定められた日に神殿に行き、羊などのいけにえや献金を捧げ、自分たちは正しく生きていると主張していたのです。

日々の暮らしの中で他者に不満を抱きやすい人は、ファリサイ派の人と同じように、「自分は正しい」と思い込んでいます。たとえばあなたは、自分は善き母（父）なのになぜ報われないのかと落胆してはいませんか？

自分は善だと思い込んでいる人は、「だから私は報われるはず」と思っています。でもそれは大きな間違い。なぜなら「自分は正しい」と信じて疑わない人に霊的真理は届きません。自分にも落ち度がある、弱さや狡《ずる》さがあると自覚し、「どうしたらよいのだろう？」と自問自答する人こそが霊的真理に目覚めていくのです。

共働きのお母さんの中には「なぜ私だけが忙しい思いをしなくちゃいけないの？」と思っている人もいるようです。そうした方に私はこうお答えします。それはあなたが選んだ道だからです。結婚したい、子どもが欲しい、仕事を続けたいという願いが叶ったのに、なぜあなたは文句を言うのですか？　と逆に質問したいくらいです。

家族を養っているお父さんだって同じ。「どうして俺だけこんなに苦労するんだ」と思っているとしたら、それは「家長だから」です。すべての人が自分の選んだ道に責任を持ってください。

そして、独りよがりな善ではなく、愛を心に携えて人と接してください。そうすれば、あなたを苦しめていた不満はいつしか消えてなくなることでしょう。

㉜ サタンよ、退け！

この世は誘惑だらけ

マタイによる福音書4章10節

荒野で執拗《しつよう》に誘惑を繰り返す悪魔に、イエスは「サタンよ、退け！」と叫びます。するとと悪魔は立ち去り、天使が仕えます。

夜中に無性に食べたくなるアイスクリーム、やることが山積しているのに見てしまうインターネット、節約を誓った矢先の衝動買い……。この世は誘惑だらけです。

面倒な仕事やＰＴＡの役員などを安請け合いしてしまい、「引き受けなきゃよかった」と後悔した経験のある人もいるのではないでしょうか。

お人よしだから？　いいえ、安請け合いをする人は見栄っ張りなのです。「引き受ければ株が上がる」という悪魔の囁《ささや》きに乗って、うっかり「やります！」と答えてしまうのです。

けれど悪魔のせいにはできません。スピリチュアリズムの見解では、悪魔とは自分の中の小我の表れ。見栄を手放してきっぱりと断ることができなかった自分のせいなのです。

断り方がわからないという人がいますが、極端な言い方をしなければいいだけのこと。地域の役員などの場合は、子どもが学校に通っていたり、その地域に住んでいるのに「できません」とむげに断るのはあまりに非協力的で非常識です。そういうときは、家庭の事情をきちんと伝えればいいのです。

「幼い子どもがいてここまでしかできないけれど、いいですか？」などとまずは尋ねてみるのもよいでしょう。断る場合は「今は無理ですが、何年か後にやりますね」と前向きな姿勢を見せる。同じ断るにしても、この言い方には意欲が見えるので、受け取る側の印象が全然違います。

誘惑に負けてしまいそうになったとき、思い浮かべて欲しいのがヘレン・ケラーの言葉です。彼女はこう言っています。


人間を変えるものは環境ではなく、人間自身の内なる力なのです。

視覚と聴覚の重複障害者でありながら多くのことを成し遂げたヘレン・ケラーは、奇跡の人であると共にスピリチュアリストとしても知られています。彼女の言葉には生きるための真理が満ち溢れています。

この世はただひたすら歓びに満ちた住み家となるよう創られているわけでもなければ、怒りに満ちた場所となるよう創られているわけでもありません。アザミは土から生い立ち、バラにも棘《とげ》があるのなら、どうして人生に試練があってはいけない理由があるでしょうか？

自分かわいさで心がぐらついたら自らを律する。その自律の心を忘れなければ、誘惑に打ち克つことはできるはずです。

㉝

新しいぶどう酒は新しい革袋に入れるものだ

マタイによる福音書9章17節

イエスが洗礼者ヨハネの弟子から「あなたの弟子たちはなぜ断食をしないのですか?」と尋ねられます。イエスは「新しいぶどう酒を古い革袋に入れる者はいない。そんなことをすれば、革袋は破れ、ぶどう酒は流れ出て、革袋もだめになる」と告げ、この言葉を続けます。

ぶどう酒は「命」の比喩。古い皮袋は保守的な観念や慣習と置き換えると、わかりやすくなります。

宗教的には別の解釈があるかもしれませんが、イエスのこの言葉から私が感じ取るのは、保守的な観念や慣習にとらわれすぎてはいけないという教えです。

超高齢化社会を迎えた今の時代、「昔はこうだった」という価値観に縛られがちなのが介護でしょう。

親と離れて生活している場合は呼び寄せ介護やUターン介護、介護の度合いによっては介護離職と、子どもがライフスタイルを変えなくてはならないケースもあります。けれどもその結果、精神的にも肉体的にも大きな負担がかかり、親子で生活が立ち行かなくなったら本末転倒。

どんなに親のことを想っていても、共倒れになってしまってはどうしようもありません。

そうした悲劇が起こる一因は、親を施設に入所させることを否定的にとらえる世間の価値観です。親戚から責められたくないという人もいるでしょう。親自身から「親を捨てる気か」と言われるケースもあるかもしれません。

この場合も「大我な道」とは何かを考えれば、自ずと答えは出ます。大我な視点に立った親が子どもとの共倒れを望むでしょうか。子どもの側は、自分が親戚に悪く思われてもいいと腹を括《くく》り、冷静で理性的な判断をすべきです。

介護に限らず「こうでなければならない」という思い込みが不幸のもとなのです。

34

体は殺せても、たましいを殺せない者どもを恐れるな

あなたもできるアッパレ道

マタイによる福音書10章28節

これもイエスが一二人の弟子に授けた教え。「わたしが暗闇であなたがたに言うことを、明るみで言いなさい。耳打ちされたことを、屋根の上で言い広めなさい」のあとに続くこの言葉からは、命を差し出してでも真理を伝え広めるというイエスの確固たる信念が伝わってきます。

言葉の背景

物質界であるこの世では、霊的真理に従って生きる人が、ときに迫害とも言える仕打ちに遭うことがあります。

マザー・テレサはインドのカルカッタで、貧困や病気により死期が近づいている人を看取る施設「死を待つ人の家」を開設しました。

後にノーベル平和賞を受賞したマザーの功績は広く知られるところですが、開設当時は一部ではあるものの、地元の僧侶や住民から活動を非難されました。外国から来たシスターであるマザーが貧しい人々をキリスト教に改宗させようとしていると誤解され、警察に通報されたのです。

施設に反対している人々は建物の玄関に石を投げつけました。ある日、投げつけられた石で窓ガラスが割れたとき、マザーは表に出て人々の前に立ちはだかり、拳を振り上げてこう言ったそうです。

「お望みなら、私を殺しなさい。でも、中にいる人たちを傷つけないで。静かに死なせてあげて」

どんなに迫害をしようとしても、体に傷はつけられても、その人のたましいの高潔さまで殺すことはできないのです。

イエスを愛し、自らの人生でイエスの教えを実践した「イエス者」であるマザー。

マザーはきっとイエスのこの言葉を大切にしていたのではないでしょうか。

35

自分の十字架を担《にな》って わたしに従わない者は、わたしにふさわしくない

人生にマニュアルなし

マタイによる福音書10章38節

言葉の背景

私たちが生まれてきたのは、さまざまな経験と感動を通して自分の中の「小我という膿《うみ》」を出すため。その膿を見つめるために生まれてきたとも言えます。このことをイエスは十字架を担う、と表現しています。

現代はマニュアル社会と言われています。飲食店などでお客さんに対するサービスの平等性や効率化を図るためには有効かもしれませんが、マニュアルがないと動けない人たちの増加につながっているのは悩ましい問題です。

近年になって「江原さんは、きょうだいであっても個性が違うのだから子どもによって子育て法を変えなさいと言いますが、どう変えたらいいのかわかりません」といったお母さんからの質問が増えました。「優しさと厳しさの塩梅《あんばい》がわかりません」「どこまでが愛でどこから先が甘やかしなのですか？」「自分が子どもにどのくらい愛を注げば、子どもはグレずに育つのでしょうか？」――。

私の答えはただ一つ。

「それは自分で考えてください」

人は誰もが自分の十字架を背負って生きています。どんなに幸せそうに見える人でも、背負っている十字架があるのです。ときには命を差し出す覚悟でその十字架と向き合わなくてはなりません。そのときに頼りになるのは自分だけ。あなたの運命を切り拓《ひら》いていけるのはあなただけです。

人生にマニュアルはありません。幻のマニュアルを頼って易きに流れてはいけないのです。覚悟を持って、自分オリジナルの人生を生きることです。

一家団欒《だんらん》も言い争いも、相思相愛も失恋も、結婚も離婚も、就職も転職も失業も、昨日笑ったことも、泣いたことも、たましいを成長させるためのかけがえのない経験。その経験を通じて自分を知ることが大事なのです。

㊱

正しい者を正しい者として受け入れる人は、正しい者と同じ報いを受ける

これポイント

マタイによる福音書10章41節

言葉の背景

この言葉はまさに「波長の法則」を説いています。「どうしてこんな人に出会ってしまったのだろう」と思ったとしても、それはあなたの波長が引き寄せたのです。「こんな人と波長が同じはずがない」と思うかもしれませんが、同じ部分を持っていることに気がついていないだけです。

ここで波長について説明しましょう。波長をテンションだと誤解している人がいますが、波長とは人格のことです。

私たちは「こんな人」だけではなく、尊敬できる人とも出会います。その人は、波長の高い人。波長が高い人は、わかりやすく言うと人格が高い人です。

人格は、さまざまな経験と感動を通して学びを得て高めるもの。波長も同様に一足飛びに高くすることはできません。日々の心がけしだいです。

出会う相手は、自分の波長によって変わるだけのこと。相手の波長は今の自分自身の心のバロメーターなのです。

そのときは同じ波長で引き合った相手でも、どちらかの波長が変わることで関係が上手くいかなくなることもあります。たとえば「意気投合したから結婚したのに、今では夜な夜な遊び歩いている夫の気持ちがわからず、夫婦喧嘩が絶えない」といった場合には、妻は家族を想う大我に目覚めたのに、夫のたましいは幼稚なままであるなど、夫婦の波長のレベルが違ってしまったのかもしれません。

そうであるとしたら、波長の低い夫と同じ土俵に上がって夫婦喧嘩をしている場合ではありません。まず冷静に話し合い、それでも夫の態度が変わらないようなら、離婚も念頭に置いて熟考することをおすすめします。そうした段階を経て離婚を選択し、成長した自分のたましいにふさわしい男性と再婚して幸せになった方を私は幾人も見てきました。

波長のレベルは、生き方、考え方によって高めることができるのです。

㊲

木の良し悪しは、その結ぶ実でわかる

言霊は秤《はかり》

マタイによる福音書12章33節

この言葉に続くのは「人の口からは、心にあふれていることが出て来るのである。善い人は、良いものを入れた倉から良いものを取り出し、悪い人は、悪いものを入れた倉から悪いものを取り出してくる」。

イエスは自らの発する言葉に注意せよ、と伝えています。

「木の実」＝言霊。霊性の高い人は良い言霊を放ち、霊性の低い人は悪い言霊を放ちます。イエスの言うように、言葉は心にあふれていることが出て来るもの。

どんなに美しく着飾って品良く見えても、話してみると下品で成金っぽく感じられる人がいます。なぜそう思うのかと言えば、会話の中で悪い言霊を放っているから。霊性の低い人が取り繕って美辞麗句を並べても、相手には見抜かれてしまいます。

反対に、簡素な身なりであっても、話してみると品位が感じられる人もいます。少し会話を交わしただけで霊性の高さが相手に伝わるのは、良い言霊を放っているからです。

ここで思い出して欲しいのが童話「シンデレラ」。主人公シンデレラの別の呼び名は「灰かぶり姫」です。継母と姉たちにいじめられて働かされ、夜はベッドではなくかまどのそばで灰にまみれて眠っていたため、そう呼ばれていました。

シンデレラは逆境に置かれても、貧しい身なりをしたお婆さんに対して親切に接するなど、もともと備わっていた気品と美しい心を失うことはありませんでした。口汚く罵る継母や姉たちとは対照的に、美しい言霊を放つシンデレラ。この物語の結末は皆さんもご存じの通りです。

職場で縁の下の力持ちの人がいます。仕事に限らず、誰かのために地道な作業を行っている人もいます。たとえ目立たない存在でも、良い言霊を放ち、霊性を高く保っていることで、その努力はやがて良い実を結びます。それは霊的真理がすべての人に平等に働くからなのです。

㊳

汚《けが》れた霊は人から出て行くと、砂漠をうろつき、休む場所を探すが、見つからない

憑依《ひょうい》される人、されない人

マタイによる福音書12章43節

言葉の背景

イエスの言葉にある「休む場所」とは私たちの心のこと。憑依とは、この世に執着を残してさまよっている未浄化霊と、波長の低い人霊（人）との間で「お見合い」が成立した状態。さまざまな霊障の中でも、憑依は日常的に起こるものです。

戦後、日本は物質的価値観にどっぷりと浸かってしまいました。そこでバブル崩壊という学びを与えられ、二〇〇〇年を機にこの国は心の時代へと突入したのです。日本はバブル経済によって天に試されたと言えるでしょう。私の著書『幸運を引きよせるスピリチュアル・ブック』がベストセラーとなったのはその翌年のことでした。

物質的価値観が崩壊すると、人はたましいの視点を持つことができる。そうして霊的価値観のほうが強くなると、たましいの波長が高くなるのです。そのまま日本人の波長が高く保たれればよかったのですが……。

今はどうでしょう？　私の知る限り、霊的真理に従って生きている人はほとんどいません。神社仏閣やサンクチュアリとして知られる場所で祈願する人は山ほどいますが、成就したときにお礼参りに行く人がどれほどいるでしょうか？　物質的価値観に再び支配されているのです。

その結果として生じているのが、増え続ける詐欺事件や親殺し子殺し、無差別殺人、あおり運転や飲酒運転、悪質ないじめ、モラハラ、パワハラ、自然破壊……。けれど、世の中で起こるすべてのことが私たち全員の心の映し出し。たましいの未熟さが浮き彫りになっているのです。

誤解している人がいますが、憑依は災いではありません。霊の憑依を受けるのは、自らの波長がその霊と同じ低い波長になっているから。つまり「波長の法則」です。憑《つ》く霊だけが悪いのではなく、憑かれるほうも悪い。憑依は、その人のたましいの未熟さを浮きださせて、霊性を向上させるために起こるとも言えるのです。

一人ひとりが「自分は汚れた霊にとって居心地のよい家になってはいないだろうか？」と、自らを省みることから始める必要があります。

㊴

わたしの母とはだれか。わたしの兄弟とはだれか

マタイによる福音書12章48節

たましいからのみ、
たましいは生まれる

イエスが群衆の前で話しているとき、ある人が「お母さまとご兄弟がお話ししたいと外に立っています」と告げます。そのときにイエスが言ったのが「わたしの母とはだれか。わたしの兄弟とはだれか」というこの言葉。そして弟子たちを指しながら、「見なさい。ここにわたしの母、わたしの兄弟がいる。だれでも、わたしの天の父の御心を行う人が、わたしの兄弟、姉妹、また母である」と続けました。

自分は家族の縁が薄いと嘆く人や、トラブルメーカーな家族に振り回されて疲弊している人は珍しくありません。そうした人は理想的な家族の様子を描いたファミリーカーや家電のコマーシャルを見て、暗い気持ちになるかもしれません。しかし、絵に描いたような団欒ファミリーを誰もが築かなければならないのでしょうか？　イエスの言っていることは違います。

イエスは霊的真理を携えて生きる人はみな家族だと伝えているのです。

この言葉から私たちが考えたいのは、現代における生命倫理の問題。行き過ぎた不妊治療も、その一つと言えます。

誤解のないように言っておきますが、スピリチュアリズムは不妊治療を完全否定しているわけではありません。科学が進歩した時代に生まれたのは宿命。科学の力で問題を解決することができるなら、利用してもかまわないと考えています。

けれど現代人の命に対する感覚は麻痺《まひ》してしまってはいないでしょうか？　自然の摂理に対する畏《おそ》れを忘れてしまってはいないでしょうか？

もちろん自分たちの子どもが欲しい気持ちは痛いほど理解できます。だからといって、度を越した不妊治療に走るのはいかがなものでしょう。

大切なのは動機です。老後が不安だからなどという理由で不妊治療をするのは言語道断。自分の介護要員を産んでおこうという発想はあまりにも小我で傲慢です。

スピリチュアリズムの見解では、妊娠、出産、子育ては、生まれて来たいと望むたましいを受け入れるボランティア活動。そうである以上、エゴに塗《まみ》れた動機で行うべきではありません。

霊的真理の視点に立てば、血縁にこだわりすぎるのも小我だと言えるでしょう。子どもが欲しいと望んでおられる方には厳しいことを言うようですが、どんなに強く望んでも子宝に恵まれない人はいます。不妊に限らず、無理なものは無理なのだと自分の人生を受け入れることに学びがあるのです。

できる限りのことはしたと気持ちに区切りをつけ、養子を迎えることだってできるはず。「生みの親より育ての親」と言うように、血縁にこだわらず子どもに愛を注ぐことで、深い絆を育むことはできるのです。

霊的真理を深く理解することは、「グループ・ソウルの法則」を胸に生きていくこと。天が私たちに求めているのは、見ず知らずの人も含めた隣人を愛すること。つまり霊的真理で結ばれた人は誰もがみんな、たましいの家族なのです。

どうぞあなたのたましいの家族を作ってください。

40

あなたがたは、しるしや不思議な業《わざ》を見なければ、決して信じない

目覚めに応じて

ヨハネによる福音書4章48節

言葉の背景

ガリラヤのカナという地を訪れたイエスに、ある役人が、病気で瀕死《ひんし》に陥った息子を癒やして欲しい、と頼みます。イエスはこの言葉を述べた後、離れた地にいた息子を癒やしました。

巷《ちまた》には「ヒーリング」という言葉が広がっています。それに便乗して「病気が治る」などと謳《うた》うヒーリングサロンもあるようです。けれどスピリチュアル・ヒーラーはお医者さんではありません。結果として病気が治ったとしても、スピリチュアル・ヒーラーの目的はあくまで人の心や体を癒やすことです。

ところが霊的真理を理解しようとしない人に限って、似非《えせ》霊能者の「奇跡が起きる」といった触れ込みに期待するのです。霊的真理を知らないから似非霊能者に騙されると言ったほうがいいかもしれません。

私が親しくさせていただいているシスター、鈴木秀子さんは「死の床にある方の家族から依頼を受けて祈るとき、命をお救いくださいとは祈りません。この方のたましいが死を受け入れ、穏やかな心で旅立つことができますようにと祈ります」と話しておられます。霊的世界の実相を受け入れることは、神の御心を受け入れることです。

ちなみに私は「できることとできないことを明確に示してください」と祈ります。こうして欲しい、ああして欲しいと天に伝えることは、祈りではなく指図だと心得ているからです。

イエスは天の存在を示すために、目の見えない人の目を治すといったデモンストレーションを行ってはいますが、すべての人に対してではありません。この人は十分に学びを得た、時期を迎えたと判断した人に対してのみ行っています。

「素敵な人と出会えますように」と祈るより、出会うための努力をすべき。「試験に合格しますように」と祈るより、勉強すべきです。大切なのは目的に向かって行動すること。失敗したら敗因を探り、習得した学びを活かして前進しましょう。

41

本人が罪を犯したからでも、両親が罪を犯したからでもない

背負いすぎないで

ヨハネによる福音書9章3節

あるとき、イエスは道端で物乞いをする目が見えない人を見かけて立ち止まります。同行していた弟子から「先生、この人が生まれつき目が見えないのは、誰が罪を犯したからですか。本人ですか。それとも、両親ですか?」と尋ねられたイエスの答えが、この言葉。「神の業《わざ》がこの人に現れるためである」と続きます。

聖書を読んでいてつくづく思うのですが、イエスの弟子たちは実に世俗的。イエスが見込んで弟子に迎え、霊的真理を直接伝える彼らでさえ、これほどまでに愚かなのですから、他の人たちはどれほど小我だったのでしょう。

しかしイエスの生きていた時代の人々を批判している場合ではありません。現代においても、ことわざの「親の因果が子に報《むく》う」を何にでも当てはめて、他者に対してあれこれ心ないことを言う人はいます。

これまでに私は、病気や障害を持つお子さんの親御さんと数多く向き合ってきました。そうした方の中には「自分の何がいけなかったんだろう」と自身を責める方が少なくありませんでした。気持ちは理解できますが、自分を責めることは間違っています。

そのようなお子さんが生まれる要因にはさまざまなことが考えられます。医学的に追究すれば、フィジカルな問題が関係しているかもしれません。

ただし、スピリチュアリズムの観点で言えば、お子さんのたましいがそうしたハンデを選んで生まれたとも言えます。「因果の法則」で言えば、私たちは前世で果たせなかったことを現世で学んでいるからです。

天は必要以上の試練を与えることはありません。すべては法則であり、成長のための学びです。その証としてそこから得る学びも必ずあるはず。ですから、両親が自分を責める必要はないのです。

また、遺伝子組み換え食品や放射能による影響などを重く受け止める方もいるでしょう。

親御さんは悔やんだり、自分自身を責めたりするかもしれませんが、「グループ・ソウルの法則」を考えてみてください。世の中で起こる問題は、同じグループ・ソウルである私たち全員の学び。

孤独に背負うのではなく、周囲の助けを得ながら自分たちのできることをして、自分たちの注げるだけの愛を注げばいいのです。

お子さんがもし先立ったとしたら、親御さんの悲しみはどこまでも深いでしょう。ただ、必要以上に不幸だと思わないでください。たましいは永遠。嘆き悲しむあなたの姿を、お子さんはあの世から見ています。そして、もう泣かないで、と思っているのです。

㊷

ゴーマンが幸せを遠ざける

マタイによる福音書5章3節

心の貧しい人々は、幸いである。天の国はその人たちのものである

言葉の背景

マタイによる福音書5章から7章には、ガリラヤ湖を見下ろす小高い山の頂《いただき》で、イエスが弟子たちと群衆を前に語った言葉が出てきます。

そう、これこそが有名な「山上の説教」です。

その中でも、最初に出てくる「幸い」をテーマにした説教は、とても大切な教えを含んでいます。「幸いシリーズ　九つの言葉」をここから紹介していきます。

心の貧しい人と聞いて多くの人が思い浮かべるのは、意地悪な人やケチな人。なんでそんな人が幸せなの？　と思うかもしれませんね。実はイエスの言わんとしていることは、ちょっと違うのです。


イエスの言う「心の貧しい人」とは「謙虚な人」という意味です。自分には愛が足りない、思慮深さに欠ける、生きていく勇気に乏しい、正しく生き抜く自信がないと自覚し、神に救いを求めるよりほかに心の拠《よ》り所がない人たちを指しています。

謙虚な人と対極に位置するのは、そう、傲慢な人です。傲慢でいいことなど一つもありません。たとえば部下が上司に叱られた場合、傲慢でプライドの高い人は心が折れてしまいます。一方、謙虚な人は素直に納得し、改善に努めようと心を切り替えることができるでしょう。

「最近の若い人はプライドが高くて、叱ると出社拒否してしまいかねない」と困惑する上司の話もよく耳にしますが、根本的におかしいと私は思います。まだまだ社会を知らない若い人にどんなプライドがあるというのでしょう？

それはプライドではなく、妄想。自分はできる人間だという妄想にとらわれ、社会常識や知識、根性や忍耐力を養うチャンスを逃すのは非常にもったいないこと。知らないことを知らないと言える正直な人のほうが、成長が速いのは当たり前です。

ここで重要なのは、自分は人としていかがなものか？　と思うだけではダメだということ。諦めてしまってはおしまいですが、悩み続ける人も問題です。

反省することは大切です。けれど悩むのは時間の無駄。悩んでいても問題は解決しません。

どうすれば悩みを手放すことができるか、考えましょう。真剣に考える中で人は神、叡智の声を聴きます。といって神様のリアルな声が聞こえてくるわけではありません。

たとえば、「どうして自分は結婚という縁に恵まれないのだろう」と悶々としながら家で過ごしている人っていますよね。そうしたときに家族や友達が「引きこもっていて出会いなんかあるわけないじゃない」と言ってくれる。あるいは、たまたま読んだ本の主人公の生き方から気づきを得る。こんな具合に啓示は日常の中にちりばめられています。

さて、啓示を得たあなたは引きこもるのをやめて、出会いの場へどんどん参加することにしました。そのように、心がぐるっと変わることを「回心」と言うのです。

㊸

悲しむ人々は、幸いである。その人たちは慰められる

マタイによる福音書5章4節

子どもの写真の年賀状、送っていませんか?

幸いシリーズ二番目は「悲しむ人々」。心豊かに生きていくためには、喜・怒・哀・楽すべての感動を知る必要があります。

どんど焼きにランドセルや運動靴を持ってくる人がいる、と問題視する報道がありました。ゴム製品や金具など、燃えないものを持参されては困るという事情があるのはわかります。

けれど神社が「うちは産業廃棄物処理場ではない」と苦情を言っていると知って、とても残念に思いました。宗教に携わっているのに、なぜ、それらが「遺品」の可能性もあることを想像できないのでしょうか。

私のウェブサイトやラジオ番組のお悩み相談には、お子さんを亡くされた親御さんからの「遺品を処分しなければいけないとわかってはいるけれど、ゴミと一緒に出す気にはなれない」という相談が多く寄せられます。その神社の関係者も、幼いわが子を病気や事故で亡くすという経験をしていたなら、どんど焼きに持ち込まれたランドセルを見て、遺品かもしれないと思い至ったのかもしれません。

人の苦しみや悲しみに寄り添う配慮が欠けている言動は、日常生活の何気ない場面で散見されます。

「風邪くらいで仕事を休むなんて気が弛《ゆる》んでいる」と言う上司は、病気の辛さを知らないのでしょう。子どもの写真の年賀状を送る人は、不妊に悩んでいる人がいるかもしれない、という想像力に欠けています。家族の写真ならまだいいですが。

人は苦しみや悲しみを知ることで他者の痛みを理解し、優しさを備えます。人生は光と影。光があるから影ができ、影があるから光の明るさがわかるのです。

44

柔和な人々は、幸いである。その人たちは地を受け継ぐ

マタイによる福音書5章5節

言葉の背景

幸いシリーズ、三番目の言葉です。

誰だって不機嫌な人より機嫌の良い人のそばにいたいですよね？


この言葉は、今世界で一番足りない大事なことだと思います。

たとえば韓国問題。私はヘイトスピーチは大嫌いですが、一方で韓国のほうもあまりに幼稚だと思います。あんなに怒ってばかりいると、短期的には交渉が有利になるかもしれませんが、長い目で見ると必ず国力を損ないます。

家庭にも同じことが言えますね。

私は常々、お母さんは一家の太陽でなければならないと言ってきました。子どもという芽をまっすぐに育むためには、明るく暖かなお日様の光が必要です。お母さんが心を曇らせていたら、子どもの心も枯れてしまいます。

贅沢な暮らしでなくていいのです。家事が得意でなくてもかまわないのです。お母さんの朗《ほが》らかな笑顔があれば、家は家族にとって居心地の良い場所になります。心を整え、家族が帰りたくなるわが家を目指しましょう。

聖書からは、イエス自身も柔和な人であったことが伝わってきます。とはいえイエスは優しいだけの人ではありません。神聖な神殿の敷地内で商売をする者を目の当たりにしたときには、商売道具をなぎ倒して怒りを爆発させています。

子どもに対しても、優しいだけだと単なる甘い親で終わってしまいます。優しさに加えて、子どもが間違ったことをしたらきちんと叱れる芯の強さが必要。

普段は太陽のようにご機嫌で、叱るときは雷雨。それが理想のお母さんであり、大事な子育て法でしょう。

㊺

義に飢え渇く人々は、幸いである。その人たちは満たされる

マタイによる福音書5章6節

うまくいかない言い訳していませんか？

幸いシリーズ第四弾。「義」というとなにやら古めかしい印象を受けますが、「義に飢え渇く」を「理不尽や不条理を味わう」と言い換えれば、グッと意味がわかりやすくなります。


生い立ちや境遇を嘆く人がいます。

私が個人カウンセリングをしていたときも、自分が出世できないのは家が貧しくて大学へ進学できなかったからだと嘆く人が大勢いました。ずっと学歴コンプレックスを抱いて生きている、と。

でも本当にそうでしょうか？

奨学金で大学へ進学する人もいます。働いてお金を貯めて大学へ入る人もいます。ちなみに私が経済的な事情から一度は断念した声楽を音楽大学で学んだのは、三〇代に入ってからでした。信念があれば、いつからだって巻き返すことができます。

自分は不幸だと思い込んでいる人は、上手くいかないことの言い訳を探すことに余念がないのです。けれど人生に「でも」「だって」はいりません。「もしも温かい家庭で育っていたら……」「もしも親が裕福なら……」といったタラレバ話をいくら繰り返したところで、現実は変わりません。

この世は理不尽や不条理に満ちています。私は相談者の方たちに、理不尽や不条理に直面したときにはそれを幸いだと思いなさい、と説きました。

言い訳をせず、「この苦難から自分は何を学ぶのか」を考え、「どうすれば事態が少しは良くなっていくのか」を考える。自己憐憫、責任転嫁に陥《おちい》らず、自分の頭と腕で逆境を打破しようともがく。

そういう経験をした人と、していない人では、生きるうえでの覚悟と迫力が違うのは言うまでもないでしょう。

46

憐《あわ》れみ深い人々は、幸いである。その人たちは憐れみを受ける

幸せを得る権利

マタイによる福音書5章7節

幸いシリーズ、五番目は「憐れみ」について。

憐れみとは優しさ、親切心のこと。そうした気持ちで人と接すれば、自身にも返ってくる。イエスは「因果の法則」を説いているのです。


長男だから、長女だから、親の面倒をみるのは当たり前。嫁なんだから、たとえお正月でも休む暇もなく、帰省した家族のために家事をするもの。特に長男の嫁は、昔から損な役回りが多いものです。「なぜ自分だけが……」と不満に思いますよね。

でも、違います。本当は幸いなのです。

あなたが誰かのためにしたことは、「因果の法則」によって、あなた自身に必ず返ってきます。ですから、覚悟を決めて引き受けるのです。

そもそも、なぜ不満に思うのか、自分に問いかけてみてください。

親の面倒をみることではなく、夫の兄弟やその嫁からの心遣いが欠けているからではないですか？　嫁としての務めを果たすのが嫌なのではなく、夫に気遣いが足りないからではないですか？

今は損な役回りだと感じるかもしれませんが、いずれ「あぁ、報われた」と思うときが来ます。

家事や介護に追われて、子どもと旅行に行くことができないと今は残念に思うかもしれません。けれど、そうした家庭の子どもは親孝行をするもの。将来、旅行に連れて行ってくれるなど、苦労したお母さんには幸いなことが起こるのです。

介護の大変さは重々承知のうえでお伝えしますが、親の介護ができる人は幸せだと言えます。渦中にいる人は、とてもそうは思えないかもしれません。けれど最後までやり遂げれば、介護の苦労は必ず報われます。

認知症の方であっても、たましいは介護してくれている人を認識し、死後、あの世から見守ってくれるのです。子どもは、介護をしっかりと務める親の姿を見ています。だからといって見返りをあてにするのではなく、自分はすべきことをしたと思う気持ちが幸せを引き寄せるのだと考えてみましょう。

いずれ自分が介護される側になる日が来ます。気持ちよく介護をした人は幸せの権利を獲得したようなもの。このことを心の支えに、どうぞ頑張ってください。

47

心の清い人々は、幸いである。その人たちは神を見る

美しくなるために

マタイによる福音書5章8節

言葉の背景

あなたは人に会ったときにどこを見ますか？　意地悪な心ではなく、清い心で人を見ることで自分も美しくなれると、イエスは説いています。

オードリー・ヘップバーンはこう言っています。

魅力的な唇のためには、優しい言葉を紡ぐこと。愛らしい瞳のためには、人々の素晴らしさを見つけること。

マザー・テレサは、人と最初に会うときについてこう語っています。

どんな人に会ってもまずその人の中にある美しいものを見るようにしています。この人の中で一番素晴らしいものはなんだろう、この人の中で一番美しいところはな

んだろう、そこから始めようとしております。

そうしますと、かならず美しいところが見つかって、そうすると私はその人を愛することができるようになって、それが愛のはじまりとなります。

相手の中から未熟な部分を見るか、神を見るかによって、その人との関係性はまったく異なってきます。友人や家族、上司や同僚、部下、取引先の相手など、あなたと関わり合いのある人全員をよく見て、善いところを探してみてください。そこに必ず神を見出すことができるはずです。

神を見つけるためには、イエスの言うように自らの心が清くなくてはなりません。私たち全員が自分の中に、神のエネルギーのかけらである神我を宿しています。心を清く保つことであなたの中の神我が輝きます。そうすると相手の中の神我も目を覚ますのです。

㊽

平和を実現する人々は、幸いである。
その人たちは神の子と呼ばれる

親しき中に戦争あり

マタイによる福音書5章9節

幸いシリーズの第七弾。イエスがこれらの言葉を通じて示しているのは戦争。私には戦争をしてはいけない、人々が憎しみ合い、殺し合うことを天は嘆き悲しんでおられるというイエスの声が聞こえてきます。

言葉の背景

近年になって漫画やゲームを通じて「七つの大罪」というフレーズを見聞きする機会が増えました。こうしたことも現代人に対する天からの啓示と言えるのですが、残念ながら、「七つの大罪」を理解し、意識して暮らしている人はほとんどいないのではないでしょうか。

「七つの大罪」とはキリスト教において罪のもととされる、言わば人が幸せになれない要因のこと。その七つとは、高慢、貪欲、嫉妬、憤怒《ふんぬ》、肉欲、暴食、怠惰。共通しているのは、根本に「自分さえよければいい」という発想が潜んでいることです。

何一つ心当たりがない人などいないでしょう。

「自分さえよければいい」と自国の利益を追求することによって争いが生まれ、戦争へと発展します。利己的な価値観は個人レベルでも注意しなくてはなりません。ところで、あなたは日常の中で繰り広げられている戦争について思いを馳《は》せたことはあるでしょうか？

夫婦喧嘩《げんか》、親子喧嘩、兄弟喧嘩に友達や仕事仲間との衝突……。世界の平和を願いつつ、家や職場では紛争状態というのは矛盾しています。

世界平和は足元から。日々の暮らしの中で相手を言い負かしてやろうと思う気持ちの延長線上に、罪のない多くの命を奪う戦争があるのです。

㊾

義のために迫害される人々は、
幸いである。
天の国はその人たちのものである

マタイによる福音書5章10節

幸いシリーズもいよいよ終盤。モリカケ問題を持ち出すまでもなく、今の日本社会を見ても、義を欠いていると思わざるを得ない出来事が増えています。

ここで紹介するのは、インド独立の父であるマハトマ・ガンジーが、人の犯す「七つの大罪」を社会の犯す罪に置き換えて表した「七つの社会的罪」。現代の日本と照らし合わせてみました。

●理念なき政治
日本は農作物や食品の遺伝子組み換え大国、医師による薬の過剰投与大国。さらに種子法廃止、水道民営化など政府はやりたい放題です。物さえあればいい、経済が繁栄すればいい、と楽観主義もいいところ。理念はどこにあるのでしょう?

●労働なき富
出入国管理法改正によって外国人労働者が増え、彼らが低賃金で長時間働いた場合、潤うのは誰でしょう？　それは富裕層です。

ＡＩ（人工知能）は福祉に役立てるべき。たとえば音声を認識するＡＩアシスタント機能。話しかけたら電気を点けてくれたり音楽をかけてくれるＡＩがありますが、手が動くならば、電気は自分で点ければいいと思います。体が動くことへの感謝が足りません。これでは人間がどんどん退化してしまいます。

●良心なき快楽

宇宙開発のためならば疑念はありませんが、宇宙旅行のために莫大なお金を払うのをいとわない人もいます。そのお金をチャリティなど世の中のために使えば、どれだけのことができるか、と思ってしまいます。

●人格なき学識

「プルトニウムは飲んでも大丈夫」と発言した大学教授がいました。福島第一原子力発電所の事故当時、原子力安全委員長だった学者は「水素爆発はない」と発言しました。彼らはどうやって責任を負うのでしょうか。

●道徳なき商業
外国産ブロイラーを地鶏肉と表示するなど、生産地を偽って表示する産地偽装問題が後を絶ちません。消費者の製品への信頼を裏切る道徳心なき行いです。と同時に、産地のみならず食品全体の表示に対する国の姿勢も問われます。

●人間性なき科学
原子力問題はその最たるものでしょう。また、ＡＩ開発なども、便利さを追求するあまり、人間力を奪うことになっては本末転倒です。

●献身なき信仰
前述したどんど焼きも「献身なき」一例でしょう。神に仕えることとは人に仕えることであり、信仰とは自己愛を捨て、利他愛に生きること。現世利益を求める似非信仰は人を不幸にします。

たとえ迫害されても、義のないことにはノーを突きつけなくてはならないのです。

50

天は見てござる

マタイによる福音書5章11〜12節

わたしのためにののしられ、迫害され、
身に覚えのないことで
あらゆる悪口《あっこう》を浴びせられるとき、
あなたがたは幸いである。
喜びなさい。大いに喜びなさい。
天には大きな報いがある

ここでイエスの言う「わたし」とは、霊的世界におけるたましいの集合体であるグループ・ソウルのこと。「喜びなさい。大いに喜びなさい」と、クライマックスに相応しい勇ましさで幸いシリーズが締めくくられます。

この世では、転ばずに生きることが幸せだと考える人が大半です。多くの親御さんが子どもに「転ばぬ先の杖」を渡そうと考えるのはそのためでしょう。けれど、スピリチュアリズムではたましいは「七転び八起き」を通して磨かれるととらえます。「転ぶ権利」があり、転ぶことこそが幸せなのです。

「転ばぬ先の杖」は親のエゴ。親が死んだあとも子どもの人生は続きます。そのときに一人で生きていける人間に育てることが親の義務であり、責任です。

この世で私たち一人ひとりが、さまざまな経験を通して学んだことは、グループ・ソウル全体の進化向上に役立ちます。というよりも、それこそが私たちが現世に生まれてきた目的。ですから現世で受けた迫害など取るに足らないこと。正しき行いを貫いていれば、天、つまり「あの世」で大きく報われるのです。
グループ・ソウルに関しては「はじめに」でもお伝えしました。ここではマザー・テレサが感動したという作家ケント・M・キースによる「逆説の10カ条」を元にした詩を紹介します。人がいかにして生きていくべきか、その真髄が記されています。

人は不合理、非論理、利己的です。気にすることなく、人を愛しなさい。
あなたが善を行うと、利己的な目的でそれをしたと言われるでしょう。
気にすることなく、善を行いなさい。
目的を達しようとするとき、邪魔立てする人に出会うでしょう。
気にすることなく、やり遂げなさい。
善い行いをしても、おそらく次の日には忘れられるでしょう。
気にすることなく、し続けなさい。

あなたの正直さと誠実さが、あなたを傷つけるでしょう。
気にすることなく正直で、誠実であり続けなさい。
あなたが作り上げたものが、壊されるでしょう。
気にすることなく、作り続けなさい。
助けた相手から、恩知らずの仕打ちを受けるでしょう。
気にすることなく、助け続けなさい。
あなたの中の最良のものを、世に与えなさい。
けり返されるかもしれません。
でも、気にすることなく、最良のものを与え続けなさい。

最後に振り返ると、あなたにもわかるはず。
結局は、すべてあなたと内なる神とのあいだのことなのです。
あなたと他の人のあいだであったことは一度もないのです。

あなたは大丈夫？

マルコによる福音書4章14節

51 種を蒔《ま》く人は、神の言葉を蒔く

言葉の背景

「種を蒔く人」のたとえ話は、マタイ、マルコ、ルカの三つの福音書に登場することからも、重要な教えとして知られます。イエスはこう言いました。
「種を蒔く人が種蒔きに出て行った。蒔いている間に、ある種は道端に落ち、鳥が来て食べてしまった。ほかの種は、石だらけで土の少ない所に落ち、そこは土が浅いのですぐ芽を出した。しかし、日が昇ると焼けて、根がないために枯れてしまった。ほかの種は茨の間に落ち、茨が伸びてそれをふさいでしまった。ところが、ほかの種は、良い土に落ち、実を結んで、あるものは一〇〇倍、あるものは六〇倍、あるものは三〇倍にもなった」（マタイによる福音書13章3〜8節）。

運が良ければ成功者になれるなど、運について語っている話ではありません。ポイントは「良い土」です。

イエスの言う「良い土」を「良い環境」と置き換えれば、刺激を与えてくれる人、教えを説いてくれる人、応援してくれる人に囲まれて過ごすことで、私たちは芽を出し、しっかりと大地に根を下ろすことができるととらえることができます。

けれど、同じ「良い土」であっても差が出ます。一〇〇倍になる人もいれば、三〇倍の人もいる。その差が生じるのは個人の努力。せっかくの良い環境なら、最大限に生かすこと。その環境に甘んじてはいけないのです。

自分の今いる環境が「悪い土」だと思っても、がっかりする必要はありません。良い環境を整えるのは自分の心です。鳥が来て食べられてしまうかもと恐れず、とりあえず石だらけのところでいいやと妥協せず、茨という小我にがんじがらめにされない。不満があっても、しかたがないと易きに流れないことです。

自分で必ず変えてみせると強い意志のもと、努力を惜しまない覚悟を決める。こうした強い信念を持って、良い環境を引き寄せましょう。

52

自分を低くして、この子どものようになる人が、天の国でいちばん偉いのだ

バカで結構

マタイによる福音書18章4節

イエスのもとに来た弟子たちが「いったい誰が一番天の国で偉いのでしょうか?」と尋ねました。そこでイエスは一人の子どもを呼び寄せて、こう答えました。イエスは子どもの無邪気な状態こそが、最も良いと説いているのです。

大人が子どものように無邪気に生きるのはそう簡単なことではありません。大人の世界では妬まれることもあれば、皮肉や嫌味を言われることもあります。大人ならではの陰湿ないじめに遭うこともあるでしょう。それが現世です。

そうした悪意に対してまともに反応しないこと。いわゆる「鈍感力」を持つことが大事なのです。

「自分はなんぼのものでもない」と思って人と接すれば、寛容な気持ちになれます。たとえ相手の言葉に悪意を感じ取っても、アハハと笑って受け流す。もう一歩進んで「そんなに注目してもらえるなんて光栄」と喜んでみせるのもいいかもしれません。

これができる人は「無邪気に振る舞える大人」。たましいのレベルが高いと言えます。

悪意に気づかぬフリをすることは、相手の悪心を良心へとすり替えることにもつながります。つまり自分に降りかかる災いを防御しながら、相手の行為を赦しているのです。

「仏の顔も三度」と言いますが、奇遇なことに当時のユダヤ社会でも「三回までは許せ」という教えがあったようです。それを受けて、イエスの弟子の一人であるペトロがイエスに「兄弟が犯した過ちを七回までは赦したいものですね」と言いました。ほめられると思ったペトロはイエスの答えに唖然《あぜん》としたことでしょう。「七回どころか、七の七〇倍までも赦しなさい」(同18章22節)と返されてしまったのですから。

それはつまり、無限に赦しなさいということ。鈍感力＝赦す力なのです。

㊸ 天の国のために結婚しない者もいる

イエスの言う「天の国のために結婚しない」とはどういうことでしょうか？　それは、神（真理）と結婚すること。個人的な幸せのためではなく、自分を必要とする誰かのために生きるということです。

その生き方を貫いたのが、フローレンス・ナイチンゲールとヘレン・ケラー。この二人の偉人は「イエス者」であり、大我の愛に生きた人です。

近代看護教育の母といわれるナイチンゲールは、上流階級の娘として生を享《う》けました。一六歳で神の啓示を受けたのを機に人を助ける生き方をしたいと考えるようになったナイチンゲールは、親の反対を押し切り、社会的地位の高い男性との婚約も解消して、ロンドンの病院に勤務します。

今年で三〇歳になる。キリストが伝道を始めた歳だ。もはや子どもっぽいことは終

わり。無駄なことも、恋も、結婚も。

こう日記に決意表明をしたナイチンゲールは、後にこう語っています。

看護を行う私たちは人間とは何か、人はいかに生きるかをいつも問いただし、研鑽《けんさん》を積んでいく必要がある。

看護という仕事を通じて真実の愛を実践することに、人生を捧げたのです。

ヘレン・ケラーは自分の秘書を務めていた男性と恋に落ちてプロポーズされましたが、障害を理由に、結婚生活は難しいだろうと自身の家族に反対されました。家族の愛を感じ取っていたヘレンは葛藤の末に自らの運命を受け入れ、利他愛と共に人生の試練に立ち向かおうと決めるのです。自分は夫や子どものために生きることはできないけれど、障害者やその家族のために生きることができるだろうと、苦悩を希望へと転換しました。

私は自分の障害に感謝している。私が自分を見出し、生涯の仕事、そして神を見つけることができたのも、この障害を通してだったからである。

個人的な幸せを追い求めず、神のために結婚を諦める者もいる——そのイエスの言葉を体現して生きたのが、ナイチンゲールとヘレン・ケラーだったのです。

54

後にいる者が先になり、先にいる者が後になる

動機が大事

マタイによる福音書20章16節

天の国の法則を教えるために、イエスが弟子たちに話したのが「ぶどう園の労働者のたとえ」。次のような話です。

ぶどう園の主人が一日の報酬は一デナリオンという約束で労働者を雇い、早朝から働いた人にも後から参加した人にも同じ賃金を払った。すると早朝から働いていた人が不満を訴えた。それに対して主人は、自分は嘘はついていない。一日一デナリオンと約束したではないかと言った。

イエスがこの話の最後に伝えた言葉が、「このように、後にいる者が先になり、先にいる者が後になる」です。


イエスは不公平を奨励しているわけではないでしょう。私の解釈ですが、後か先かが問題ではなく、心の中身、つまり動機が大事だと言っているのだと思います。

スピード優先と言われるようになって久しい現代において、何事も早さ（速さ）を追求するのは当然のことのようにとらえられています。けれど常に時間を重視してスピードを競うことを優先するあまり、中身がなおざりになっていることも多いのではないでしょうか？　この言葉はそんな私たちに対する戒め。

「急《せ》いては事を仕損じる」ということわざがあるように、遅くなることを恐れて闇雲に先を急げば足をすくわれてしまいます。

道に迷ったら原点に戻るのが一番の早道。仕事で失敗したときや不動産トラブルに巻き込まれたときなど、物事が暗礁に乗り上げると、何とかしようと焦ってしまいがちですが、思い切って白紙に戻すのが得策なのです。早くしないとチャンスを逃すなどと欲をかいていると、取り返しのつかない事態を招きかねません。

人間関係も同じ。歪んだ人間関係は更地にして新たに立て直すことです。土台の傾いた家をリフォームしたところで、根本的な問題を解決することはできません。正に「急がば回れ」なのです。

エレベーターに乗るときに「どうぞお先に」と譲ることのできる人は心にゆとりの

ある聡明な人。我先にと乗り込めば、降りるときには一番最後になってしまうのですから。

笑い噺《ばなし》のようですが、果たしてどれほどの人が人生の大事な場面で「どうぞお先に」と寛容な対応をすることができるでしょうか。

55

パワハラ反対

マタイによる福音書20章26〜27節

あなたがたの中で偉くなりたい者は、
皆に仕える者になり、
いちばん上になりたい者は、
皆の僕《しもべ》になりなさい

使徒であるヤコブとヨハネの兄弟の母が「あなたが王座に着かれるとき、一人の息子を右に、もう一人の息子は左に座れると言ってください」とイエスに懇願します。けれどイエスは自分が決めることではない、と告げました。そして弟子たちを呼び集め、このように伝えたのです。

言葉の背景

経営者や管理職の立場にいる方、これから起業しようと考えている方たちに熟読していただきたい言葉です。

日本の会社では、トップに立つ人からの命令で部下が動く「支配型リーダーシップ」が長いあいだ主流でした。経験のある人が確固たる価値観を貫き、部下を統率していくスタイルです。部下の人たちは、ときには理不尽だと感じる命令にも応じなければならない場面がありました。

時を遡《さかのぼ》ること二〇〇〇年前。イエスはこの言葉で「部下とこう向き合えば会社が上手く回り、業績があがる」などと処世術を指南しているわけではありません。支配しても人はついてこないと説き、現代でいうところのパワーハラスメントを否定しているのです。

伝道活動を行ったイエスは、命令するのではなく、弟子の話に耳を傾けました。指図するのではなく、自らの活動を示して見せる。失敗を叱るのではなく、失敗を通して学ばせる。人を大切にし、相手のモチベーションを高める。

そのようにして、個人的な賞賛を求めるのではなく、グループ・ソウル全体の向上に努めました。

自分さえよければいいと考える人の多い現代社会に、霊的真理に則した人材育成が求められているのを私は強く感じます。

ここでの締めくくりに、霊的真理のもと病の床にある人々の看護に努め、やがて看護学校を設立したフローレンス・ナイチンゲールが、人の上に立つ者の心得を説いた言葉をご紹介しましょう。

部下の心をつかむことが「責任ある立場」を務める秘訣《ひけつ》の半分、いいえ、すべてと言ってもいいでしょう。彼らの心とつながる道が見つかったら、あとは彼らに対してあなたが思うようにすればいいのです。権威だと気づかれもせず、権威をふりかざすこともない。これこそ権威のあるべき姿です。

56

あなたたちの中で 罪を犯したことのない者が、 まず、この女に石を投げなさい

ヨハネによる福音書8章7節

言葉の背景

ヨハネによる福音書8章には、姦通《かんつう》の罪の現場で捕らえられた女性が民衆の前に引き出される場面が出てきます。

ユダヤ教の律法学者やファリサイ派の人たちから「このような女は石を投げつけて殺すよう命じられていますが、あなたはどう思いますか？」と尋ねられたイエスの返答がこの言葉。冷やかし半分に見ていた民衆はイエスの言葉に驚きひるみ、一人、二人とその場から去り、誰もいなくなりました。

そしてイエスは最後に、「わたしもあなたを罪に定めない。行きなさい。これからはもう罪を犯してはならない」とその女性に告げたのです。

ゴシップが好きな人がいます。人から聞いたことに尾ひれをつけて話したり、よく知りもしない人の噂話に興じたり。「自分はそんなことはしない」と思うかもしれませんが、誰もが注意しなくてはいけません。なぜなら、人が群れるとそうなりやすいから。人と関わるとき、この言葉を思い出してください。

そもそも、この世で罪を犯したことのない人など一人もいません。「因果の法則」に基づいて言えば、自覚していない行動も罪になりえます。霊能力者のエドガー・ケイシーは、闘牛を観て喜んだだけでも因果になると言いました。

さらに言えば、思いや言葉も因果になります。あなたが誰かに対して「いなくなっちゃえばいい」と思うのはプチ殺人。動機がすべてですから、実際にその罪を犯していなくても同じことなのです。知らず知らずの間に罪をつくっているという謙虚さが必要です。

罪の意識がない人もいれば、罪悪感に苛《さいな》まれて苦しむ人もいます。背負った罪を下ろしたいと苦悩するのは、その人にしかわからない辛さでしょう。けれど、その重みこそがたましいの学びなのです。

罪を背負って生きて、いつか回心したいと願い、自分自身の小我を大我に変える努力をする。そうやって私たちはたましいを磨くのです。

本質を見よ

ルカによる福音書7章47節

57

赦されることの少ない者は、愛することも少ない

言葉の背景

娼婦《しょうふ》だったと言われるマグダラのマリアと同一視される「罪深い女」が出てくる場面での言葉です。食事の席で、イエスの足に接吻《せっぷん》して香油を塗ったのが「罪深い女」。同席していたファリサイ派の人は、イエスがもし預言者ならばこの女性が「罪深い女」だとわかるはずと考えますが、イエスは「この人が多くの罪を赦されたことは、わたしに示した愛の大きさでわかる」と前置きし、この言葉を告げました。

ファリサイ派の人のように小我の愛しかない人は、他者を赦そうとしません。そういう人が他者から赦されることは少ないでしょう。

すべての幸せは「赦し」から始まります。赦すから、赦される。愛するから、愛されるのです。

イエスから「あなたの罪は赦された」と伝えられたマグダラのマリアは、以後、回心し、イエスに仕え、十字架刑に遭うところを見守り、復活したイエスの姿を目撃しました。のちに聖人となった彼女の人生の分岐点は、イエスとの出会いとその言葉だったのです。

ミュージカル「CATS」でも、みんなに嫌われていた娼婦猫グリザベラが神に選ばれて昇天します。酸いも甘いも嚙みわけた人生を想い、祈りを込めて「メモリー」を歌いながら。

作曲家のアンドリュー・ロイド・ウェバーが「ジーザス・クライスト・スーパースター」の後に手掛けていることからも、「CATS」は聖書の中のイエスとマグダラのマリアの場面に影響を受けて作られたのではないかと私は推察しています。

58

行いがすべて

マタイによる福音書21章31節

徴税人や娼婦たちのほうが、
あなたたちより先に
神の国に入るだろう

エルサレムの神殿でイエスが教えを説いていると、祭司長や長老たちが近寄ってきて、「何の権威でこのようなことをしているのか。誰から権威を与えられたのか」と詰問します。そんな彼らに対してイエスが述べた言葉です。

当時、徴税人は、税金を多く取り立てて私腹を肥やす者が多く、人々からは罪人と同じように見なされていました。イエスが言いたかったのは、自分は正しいと思っている祭司長や長老たちが、実は神の国から一番遠いということです。

日本にも親鸞聖人《しんらんしょうにん》のこんな名言があります。

善人なおもて往生《おうじょう》をとぐ、いわんや悪人をや。

善人でさえも救われるのだから、悪人が救われるのは言うまでもないことだという意味ですが、イエスのこの言葉も同じことを伝えていると言えそうです。

親鸞聖人にしてもイエスにしても、人間は小我だということが大前提。自分は正しいと思うこと自体が傲慢なのです。

たましいを成長させるために私たちが現世に生まれてくるのは、善意に基づく行いで、誰もが少なくとも一%の善を備えています。一〇〇%善の人は生まれてくる必要がないので、私たちには少なくとも一%の悪があります。善悪の割合は人それぞれ。現世での学びはその悪を善へと変えていくことでもあります。そのためには、経験と感動を繰り返し、自らの悪の部分に気づくしかありません。

では、どういう人が神の国に一番近いのでしょうか？　それは罪悪感を抱きながらも、たましいを向上させようとする人です。

次が現世で罪悪感のない純粋な人。あの世へ行けば反省し、来世ではその悪の部分を課題として生まれてきます。

たましいは永遠であるという視点でとらえると、実は一番出遅れているのは自分が善だと思い込んでいる人です。権威をかさにきて正義を振りかざす行為は、たましいの向上から最もかけはなれているのです。

59

招かれる人は多いが、選ばれる人は少ない

選ばれる人になりなさい

マタイによる福音書22章14節

言葉の背景

イエスが人々に「天の国とはどういう場所か」を伝える際、王が王子のために開く結婚披露パーティのたとえ話をします。その中に出てくるのがこの言葉。

王は招待した人たちに二度も無視されてしまいます。そこで家来たちに町で出会った人たちを招待するよう命じ、パーティの席は埋まるのですが、招待客の中に平服を着ている者を見つけた王は、「不届き者め」と外へ放り出したという話です。


学校に入学するにしても、会社に就職するにしても、誘われはしますが、合格することができるのはその学校や会社に見合う人だけに限られています。

人間関係も同じ。婚活パーティに招かれても、パートナーが見つかってから綺麗《きれい》にしようなどと考えている横着な人が選ばれることはないでしょう。

たとえ選ばれても、電車の中でお化粧をするような人は、そのうち言葉遣いや立ち居振る舞いに品性が露呈してしまいます。表と裏を使い分けるのが賢いことだと勘違いしている人もいるようですが、嘘はいずれバレるのです。

若いうちは誤魔化せても、歳を重ねれば誤魔化しが利かなくなることも多いもの。友達同士ならまだしも、仕事関係の人や目上の人などに礼を尽くすべき場面で「ヤバイ!」「マジで?」などと言ってはいませんか? ついシモネタを言ったりしていませんか? もしも言っているとしたら品位を落としています。ひいては信用を損なっていることでしょう。

いずれにしても選ばれるのは常日頃から努力している人だけ。怠惰な土地に花は咲かないのです。

私たちは自ら生まれ変わることを望み、この世に生まれてきました。現世に生きているすべての人のたましいが、やる気と覚悟を見込まれたからこそ今があると言えるでしょう。

自分の中に眠っているファイトに火をつけ、「選ばれる人」になりたいものです。

贅沢《ぜいたく》って何？

㊿

この人は
わたしの体に香油を注いで、
わたしを葬る準備をしてくれた

マタイによる福音書26章12節

イエスが皮膚病を患うシモンという人の家にいたときのこと。一人の女性が高価な香油の入った壺《つぼ》を持って近寄り、イエスの頭に香油を注ぎます。それを見ていた弟子たちは「高く売って貧しい人に施すことができたのに」と憤慨しますが、イエスは「なぜ、この人を困らせるのか。わたしに良いことをしてくれたのだ」と言って女性を庇《かば》い、この言葉へとつながります。

この言葉からイエスが自らの未来を預言していたことがわかります。けれどイエスといえども人の子。表面的には冷静を装っていても、心の中に大きな不安を抱えていたのでしょう。癒やしが必要でした。

これは主に、医師や教師といった先生と呼ばれる人、あるいは子育て中の人に向けられたメッセージともとらえられるでしょう。

自分は常に身を正して生きなければ、と考える人の多くが、その責任感によって心を疲弊させています。そうした人は「私も普通の人間ですから」とある意味で開き直る術を備え、休日には仕事から離れてゆっくりと心を癒やすよう心がけることが大切。休むことも懸命に生きることの一環なのです。

いろいろな過ごし方がありますが、私は旅をおすすめします。海のエナジーは心に溜《た》まった澱《おり》を清める浄化のパワーを放ち、山のエナジーはたましいを鎮《しず》めて癒やしのパワーを与えてくれるのです。

わざわざ旅に出て心や体を癒やすなんて贅沢だと思う人がいるかもしれません。けれど、イエスは高価な香油であっても、それが十字架刑を目前に控えて動揺する今の自分には救いになるのだと考え、女性を庇いました。

旅に限らず、その人のたましいが求めていることなら、分相応の必要経費。贅沢とは言いません。その人にはその人の必要なものがあるのです。

61

人の子を裏切るその者は不幸だ。生まれなかったほうがよかった

生まれてきた意味

マタイによる福音書26章24節

祭司長や民の長老たちがイエスの殺害を企てます。その計画に協力することになったのが弟子の一人、イスカリオテのユダ。

最後の晩餐《ばんさん》として広く知られる「過越《すぎこし》の食事」の席で、イエスは一二人の弟子たちにこう切り出します。「はっきり言っておくが、あなたがたのうちの一人がわたしを裏切ろうとしている」。そして、続けて言ったのがこの言葉です。

現代でもユダは裏切り者の代名詞。なんとも不名誉なことですが、逆に言えば、ユダほど深く霊的真理を学んだ者はいない、とも言えるのではないでしょうか。

のちにユダは自殺します。それほどまでに自らの犯した罪の重さを認識していたということです。

多くの人がつつがなく生きることを望んでいます。初詣で「今年一年、何事もありませんように」と願う人も多いでしょう。

でも、そうお願いしたからといって、何事もなかった人はいますか？　絶対何かが起こるんです。なぜかというと、私たちはたましいを成長させるために生まれてきたから。

そのためには自らのたましいの汚れた部分、つまり学びが浮き出なくてはなりません。何かが起こることで、学びを得る。そうして試行錯誤していく中で、たましいは成長するのです。

何かが起こるのは、天の愛です。何事もないことが天の愛ではありません。このことを踏まえてお伝えすれば、つつがない人生の人は「生まれなかったほうがよかった人」になってしまいます。「どうして自分の人生には苦難が多いのだろう？」という人は、生まれたくてたまらなかったたましいの持ち主なのです。

子どもに苦労のない人生を送って欲しいと願うのは親心でしょう。けれど、たましいの視点で見れば、苦労のない人生など存在しません。来《きた》るべき試練に備え、何があっても乗り越えていける強さを育むことこそが、親の愛のあるべき姿です。

失敗するかもしれないなと思ってもやらせてみることです。転んでも自分の力で起き上がれ、と突き放すことが真の愛なのです。

たましいの親である守護霊も同じです。

私の公演会では「公開カウンセリング」を行うことがあります。あるとき、抽選に当たった方の悩みが「私は毎日、幸せなようで不幸なようで、生きているという実感が湧かず、総じてパッとしないのです」というものでした。これを受けて私は「もしも私があなたの守護霊なら、あなたに絶望を与えて目を覚ますよう促すでしょう」と伝えました。

見守るのが守護霊では？　と思うかもしれませんが、愛の鞭も必要。苦労することでたましいは磨かれます。そのため、守護霊は私たちをわざと転ばせることがあります。とはいえ、試練はその人に耐えられるものしか与えられません。だから、乗り越えられない試練はないのです。

62

正義は自分が決めること

あなたは今夜、鶏が鳴く前に、三度わたしのことを知らないと言うだろう

マタイによる福音書26章34節

言葉の背景

最後の晩餐を終えてオリーブ山へ向かう途中のこと。イエスは弟子たちに「今夜、あなたがたは皆、わたしにつまずく」と預言します。すると弟子のリーダー格であるペトロは、「たとえ、みんながつまずいてもわたしは決してつまずきません」と言いました。それを受けてイエスがペトロに返した言葉です。

ここでの「つまずく」は信念を通しきれずに挫折するという意味。ペトロは結局、イエスが捕らえられ、人々からお前も仲間だと責められた際、「そんな人は知らない」と三度否定します。イエスの言葉通りとなったペトロは、自己嫌悪に陥り激しく泣きます。

イエスはペトロの言葉を信じませんでした。悪気はないかもしれないけれど、ペトロってちょっと軽薄なんだよねぇ、などと思っていたのでしょうか。

いいえ、イエスは見抜いていたのです。しょせん人間は弱く、小我であることを。

そのうえで、自身の最期が近づいたそのときまで、ペトロに小我な道を乗り越えるよう示していました。この言葉は、小我な人々に対する導きなのです。

イエスの弟子なのにこの程度か、とペトロのことを軽蔑しますか？　自分は決してこんなずるいことをしないと思いますか？　でも私たちだって、ペトロと同じように「私は知らない」と言ってしまうことはあり得るのです。

もし会社内で何か不正が行われていると知ったとき、あなただったら迷うことなく不正を行った人や組織を告発できますか？

「知らぬが仏」と言うように、知らないことが大事な場合もあります。あなたが告発することで会社が大きなダメージを受けたり、誰かが職を失うことも考えられます。心情的に自分自身も会社にいられなくなるかもしれません。そうしたら、自分のキャリアは、自分の家族はどうなるのか？

世の中を生き抜いていくには、自分の身を守らなくてはならないときがあります。これは仕事上、必要な不正だと割り切れるのだったら、言わないでいることもできるでしょう。

知らないふりをすればいいのか、それとも告発すればいいのか──。こうした岐路に立たされたとき、人は自らの中の正義と闘います。

ここで、１０２ページのイエスの言葉「だれも、二人の主人に仕えることはできない」を思い出してください。

自分で決断を下すしかありません。忘れてはいけないのは、責任はすべて自分にあるということ。つまり、責任主体で決めることです。

さらに身近なことで言えば、友人の配偶者が浮気していると知った場合はどうでしょうか。友人に対して黙っているのが嘘をついているようで辛い。言ったら言ったで親切が仇《あだ》になる場合もある。告げたことが原因で離婚もありえます。配偶者も自分の友人だった場合にはさらに悩むでしょう。

こうした場合も同じです。責任主体で自ら決断するのです。

正義とはこうである、という定義はありません。正義は自分が決めるのです。

63

わたしの願いどおりではなく、御心のままに

私がやらねば誰がやる

マタイによる福音書26章39節

十字架にかけられる前日、オリーブ山の北西の麓《ふもと》に位置するゲツセマネという場所にいたイエスは、一睡もせずに祈り続けていました。「父よ、できることなら、この杯をわたしから過ぎ去らせてください。しかし、わたしの願いどおりではなく、御心のままに」と。けれど、やがてイエスはすべてを受け入れます。

「この杯」とは、十字架に磔にされると知りつつ飲む最後のお酒のこと。つまりあのイエスも、「死から逃れたい」と神に祈っていたのです。


「父よ、できることなら、この杯をわたしから過ぎ去らせてください」からは、人としてのイエスの苦悩が伝わってきます。けれどその後に続くのは、「しかし、わたしの願いどおりではなく、御心のままに」。

イエスですら、小我と大我がせめぎあっています。この言葉の全文を読めば、大我が小我を超える、イエスの心の変化がよくわかります。

イエスの時代、重い皮膚病の患者は人々が近寄るのを避けるほど、ひどい差別を受けていました。しかし、イエスはそうした人々を癒やしました。アッシジの聖フランチェスコもイエスに倣《なら》って同じように行動しました。最初からイエスに葛藤がまったくなかったわけではないと、私は思います。この言葉と同じように、小我よりも大我が勝る過程があったのではないでしょうか。

「自分が何をしたらいいのかわかりません」と言う人がいます。でも世の中を見渡せば、チャリティやボランティアなど、何かできる場はいくらでもあります。それに気づく感性が足りないだけです。

では、感性とはなんでしょう？　人生での経験と感動を経て得た、たましいの大きさです。

たとえば、道で誰かが倒れているのを見て、手を差し伸べる人もいれば、そのまま通り過ぎてしまう人もいます。この差が感性なのです。

誰だって親の介護はしたくない。本当にやりたいかと問われれば、やりたくはないでしょう。もちろん人それぞれで異なりますから、プロの方に任せるほうがいいケースもあります。できることはできる、できないことはできない。この判断は理性的に行わなくてはいけません。

そうではない場合、「喜んで！」と介護を行う人はいないでしょう。「御心のままに」と思うから、頑張れるのです。親に限らず、きょうだいや病気の人の介護も同じではないでしょうか。「私がやらねば誰がやる」と大我が小我を超える瞬間が、イエス同様に私たちにもあるのです。

「小我を手放せば楽になる」とヘレン・ケラーも言っています。

幸せの扉がひとつ閉じるとき、別の扉がひとつ開く。
けれども、私たちは閉じたほうばかり見つめていて、
私たちのために開《あ》けられた扉に気づかないことが多い。

イエスは人類が成長を望むならば、それがグループ・ソウルの向上につながるのならば、神の作ったシナリオどおりに自分の役割を果たすしかないと十字架刑を受け入れました。私たちも同様に、試練は学びとセットになっているのだと思える感性を身につけることが大切。

介護はしたくない、病気なんかしたくない、怪我は負いたくない、仕事で失敗はしたくない、誰とも揉めたくない、お金の苦労はしたくない、離婚は避けたい、失恋なんてまっぴらごめん――誰もがそう思うもの。

けれど、試練を通じて学ぶことがあるのならと受け止め、試練に立ち向かってください。そうすることで、未来の扉が開くのです。

健全な肉体に健全なたましいが宿る

マタイによる福音書26章41節

64 心は燃えても、肉体は弱い

言葉の背景

イエスはオリーブ山麓のゲツセマネで夜を徹して神と向き合いました。祈りを超えた、聖なる儀式です。ところがイエスに同行し、「自分が祈っているあいだ、ここに座っていなさい」とイエスに命じられたペトロ、ヤコブ、ヨハネの三人の弟子は、イエスが祈りを終えて戻ると、こともあろうに眠りこけていました。呆れ果てたイエスがペトロに告げたのがこの言葉です。

「心は燃えても、肉体は弱い」というのは非常にわかりやすい話で、私たちは「頑張ります！」「絶対に負けません！」などと、そのときには本気で言うのです。けれど心と肉体は連動しているため、過酷な労働に肉体が疲れると、それに伴ってやる気も失せてしまいがち。やらなければいけない仕事が山積しているのに、気持ちばかりが急いて体がついていかないということが私にもあります。

選挙で「必ず皆さんの生活を守ります！」と宣言した政治家が、国会で居眠りをしているのも同じ。志を高く掲げたものの、立ちはだかる壁を乗り越えることができず、情熱は次第にかげっていく。

受験勉強も同じこと。効率を考えずに、根を詰めてがむしゃらに突き進んでしまっては、その先にある長い道のりの途中で息切れしてしまいます。

過去のカウンセリングでは「夫のことは好きなのですが、育児中でクタクタなのでセックスを拒んでいる状態です。浮気されないかと心配なのですが……」といった相談を少なからず受けました。これも「心は燃えても、肉体は弱い」の表れでしょう。

この場合、話し合いの場をきちんと設け、「あなたのことは好きなのだけれど」と伝えることが大切。疲れているのだから、何も言わなくても察して欲しいと考えるのは身勝手です。想いは言葉にしないと相手に伝わりません。

いずれにせよ情熱で突っ走るから疲れるのです。地図を広げて計画を練り、なるべく身軽に歩むためには何を持っていくのか、優先順位を明確にしなければいけません。「肉体は弱い」のですから、しっかりと準備をすることが大切です。

㊰ 剣を取る者は皆、剣で滅びる

戦争

マタイによる福音書26章52節

言葉の背景

イエスを捕らえようとする一隊が、ついにゲツセマネまで押し寄せてきました。裏切り者のユダの合図によって、この人がイエスだと確信した大祭司の手下が行動に出たその瞬間、イエスの弟子の一人が思わず剣を抜いて、敵の耳を切り落としてしまいます。このとき、イエスが自分を守ろうとする弟子を諭すために伝えた言葉です。

イエスのこの言葉から、戦争を繰り返してはならない、というメッセージをはっきりと感じ取れます。

戦争の目的は領土の拡張や物資の確保、攻撃されることを防ぐための先制攻撃であったり、独裁者からの解放であったりと多岐にわたりますが、剣から核へと武器が変わっても、人類が国境という隔たりを持っている以上、戦争がなくなることはないでしょう。

現実的には、時の権力者が戦争をすることの大義名分として宗教の違いを持ち出す宗教戦争まで勃発する有り様。この皮肉な成り行きにイエスが心を痛めているのは火を見るよりも明らかなのです。

今、この瞬間も世界では罪のない多くの人たちが戦争の犠牲になって苦しんでいます。私たち日本人も、過去の戦争で失われた多くの尊い命を悼《いた》み、二度と戦争を繰り返さない信念を持ち続けなければなりません。

特に日本人が天から求められているのは、「核なき世界」の大切さを身をもって示すことです。日本だけが平和であればいいという貧しい心を捨て、世界中が平和であることを祈らなければなりません。ここでは聖フランチェスコに由来するといわれる「聖フランチェスコの平和の祈り」をご紹介しましょう。

主よ、私をあなたの平和の道具としてお使いください

憎しみのあるところに愛を

争いのあるところに許しを
分裂のあるところに一致を
疑いのあるところに信仰を
誤りのあるところに真理を
絶望のあるところに希望を
闇に光を

悲しみのあるところに喜びをもたらす者としてください

慰められるよりは慰めることを
理解されるよりは理解することを
愛されるよりは愛することを
私が求めますように

私たちは与えるから受け
許すから許され
自分を捨てて死に
永遠の命をいただくのですから

㊻ それは、あなたが言ったことです

あなたは知っている

マタイによる福音書26章64節

言葉の背景

とうとうイエスはとらわれの身となり、最高法院で裁判にかけられます。「お前は神の子、メシアなのか」と大祭司から尋問されたイエスの答えが、この言葉。その後に「しかし、わたしは言っておく。あなたたちはやがて、人の子が全能の神の右に座り、天の雲に乗って来るのを見る」と続きます。こう告げた後、神を冒瀆した罪を着せられたイエスは、死刑執行の権限を持つローマ帝国の第五代ユダヤ属州総督であるピラトに引き渡されます。

ちなみにマルコによる福音書14章では、同じ状況で「メシアなのか」と問われたイエスは「そうです」と答えています。

つい本音が出てしまって、詰問したはずが相手を認めてしまっている。そんな大祭司からの問いかけに、イエスは肯定でも否定でもなく、含みを持たせた言葉で切り返しています。

もしあなたが「ご立派よね」「お嬢さん育ちだもんね」などと人から言われたら、嫌味だと受け取ってしまうかもしれません。けれど、相手はそう感じているから、思わず本音が出てしまったのです。

人からの批判の言葉の中には、評価も含まれているもの。そう思えば、腹は立たないでしょう。

私にしても「宗教団体でも作る気か？」と言われたところで、腹は立ちません。もちろんそんな気持ちは毛頭ありませんし、三十年以上も活動を続けているのですから、作る気があればとっくに作っています。私だって一人の人間ですから、根強い偏見を持たれるのは正直いい気持ちではありませんが、最近はもう「それは、あなたが言ったことです」の境地に近づいています。

私はこう思うのです。この人は、自分のことを宗教が作れるほどの力があると思ってくれているのだと。そうした人に対しては「まったく恐れ入ります」と言うしかありません。

無知ほど怖いものはない

ルカによる福音書23章34節

67

父よ、彼らをお赦しください。自分が何をしているのか知らないのです

イエスが磔になった十字架の上には、自ら王を名乗った罪名として「ユダヤ人の王」と記され、集まった人々は「奇跡を起こしてみろ」と囃《はや》し立てます。イエスが預言していたとおり、十字架刑で死ぬことこそが最大の奇跡なのですが、小我な人たちにそれはわかりません。そのときイエスは、こう言って祈ったのです。

人生には時折、許しがたい出来事が起こります。信頼していたのに騙された、恩を仇で返されたと感じることもあるでしょう。

そんなときには、「あの人は自分が何をしているか知らないのだ」と思えばよいのです。

「ステージの法則」で言えば、あなたとその人は同じステージ。そこで、波長の低い人たちを引き寄せたのは自分の低い波長なのですから、ここまでは自己責任。問題はいかにして波長の低い人との縁を断ち切るかです。鬱々としているうちは同じ波長を引きずっているのです。

けれど、どんな相手に対してもその人の不幸を願ってはいけません。その代わりに幸せを祈るのです。そうすることで、あなたの波長はますます高まり、波長の低い人とは無縁なステージへ進むことができます。

いじめも同じ。いじめる人は無知です。

無知は罪。騙す人も、いじめる人も、恩を仇で返すようなことをする人も、天に裁かれることが決定している憐れな人たちです。

ここから先は天に委ねればいいのです。「自分が何をしているのか知らない」あの人もこの人も、いつか試練という学びを経て、大切なことに気づくときがくるでしょう。

⑱

受けるよりは与えるほうが幸いである

あなたも神

使徒言行録20章35節

福音書とは異なり、主にペトロとパウロ、弟子二人の活躍が記されているのが使徒言行録です。

パウロは教会の長老たちの前で「あなたがたもこのように働いて、弱い者を助けるように、また、主イエス御自身が『受けるよりは与えるほうが幸いである』と言われた言葉を思い出すようにと、わたしはいつも身をもって示してきました」と説いたと記されています。

弱い者とは、病を抱えている人や障害を持つ人、働きたくても働くことのできない人を指すのですが、その中には高齢者も含まれます。一〇〇歳まで生きる時代となった今、人は弱者として生きる時間が長くなりました。

このイエスの言葉から私は、「人生お互い様」の精神がますます求められているのを感じます。

たとえば税金。多くの人が税金が高いと不満を漏らしますが、働いて税金が納められる幸せを見つめなくてはいけません。その税金に救われている命があることを、そして、いつかは次の世代の人たちが納める税金に自分も助けられることを忘れてはいけないのです。

国民健康保険もそうです。自分は健康で病院に行かないのに、と考えるのはあまりに小我というもの。低所得者であってもお金の心配をすることなく、誰もが平等に治療を受けられる日本の医療制度は、世界で奇跡の制度といわれ、羨望の対象になっています。これぞまさに、「お互い様」であり「明日はわが身」の制度なのです。

私の見立てによれば、日本人の多くが物質的価値観にどっぷり浸かっているにもかかわらず、この国がなんとか安定しているのは、税金制度や医療制度を通じて心のバランスを保っているから。強制的だとはいえ、結果的に国民が総ボランティア活動を行っているからだととらえています。

人生を輝かせたいと思うのなら、誰かのために生きること。十字架にかけられたイエスは神のもとに昇天し、人としてではなく、霊的真理として再び復活しました。そうして二〇〇〇年を経た今も私たちに「生きるとはどういうことか」「人はいかに生きるべきなのか」と問いかけ、生き抜く力を与え続けてくれているのです。

お金がなくて子どもに不憫《ふびん》な思いをさせていると落ち込む人も、病気のためにしたいことができないと苦悩する人も、先の見えない家族の介護に疲れ果てている人も、自分はダメだとみじめな気持ちでいる人も、もう死んでしまいたいと思い詰めている人も、心眼で人生を俯瞰してみてください。

イエスと同様にあなたも神。

このことに気づいたとき、イエスはあなたに微笑むでしょう。

参考文献

『新約聖書　新共同訳』日本聖書協会

『文語訳　小型新約聖書詩篇附』日本聖書協会

『マザー・テレサ　愛の軌跡』ナヴィン・チャウラ著　三代川律子訳　日本教文社

『マザー・テレサ　愛のこころ最後の祈り』ベッキー・ベネネイト編　アンセルモ・マタイス　奥谷俊介訳　主婦の友社

『生命《いのち》あるすべてのものに』マザー・テレサ著　講談社

『楽天主義』ヘレン・ケラー著　岡　文正監訳　サクセス・マルチミディア・インク

『ヘレン・ケラー　光の中へ』ヘレン・ケラー著　鳥田　恵訳　高橋和夫監修　めるくまーる

『ナイチンゲール言葉集　看護への遺産』薄井坦子編　現代社

『ナイティンゲールのことば　その光と影』モニカ・ベイリー編著　助川尚子訳　医学書院

江原啓之

えはら ひろゆき

スピリチュアリスト、オペラ歌手。一般財団法人日本スピリチュアリズム協会代表理事。1989年にスピリチュアリズム研究所を設立。主な著書に『幸運を引きよせるスピリチュアル・ブック』（三笠書房）、『予言』『守護霊』（共に講談社）、『あなたの呪縛を解く 霊的儀礼』『災いから身を守る 霊的秘儀』（共に講談社ビーシー／講談社）、『幸せに生きるひとりの法則』（幻冬舎）、『あなたが輝くオーラ旅 33の法則』（小学館）などがある。

公式ホームページ
http://www.ehara-hiroyuki.com/

携帯サイト
http://ehara.tv/

携帯文庫
http://eharabook.com/

聖《せい》なるみちびき イエスからの言霊《ことたま》

2019年４月15日　第１刷発行

著　者──江《え》原《はら》啓之《ひろゆき》

発行者──渡瀬昌彦
発行所──株式会社 講談社
〒112-8001
東京都文京区音羽2-12-21
☎電話　編集 03-5395-3522
販売 03-5395-4415
業務 03-5395-3615

ブックデザイン　竹内雄二
帯写真　小川朋央
印刷所　株式会社 新藤慶昌堂
製本所　株式会社 国宝社

N.D.C.159 270p 18cm

定価はカバーに表示してあります。
ISBN978-4-06-515328-4